Gu Lexy
Bho Mrs Cru[i]
Samhradh 2014

OXFORD CHILDREN'S Gaelic · English Visual DICTIONARY

OXFORD
UNIVERSITY PRESS

Clàr-innse

Mar a chleachdas tu an leabhar seo • *How to use this dictionary*	6-7
Taic cànain • *Language support*	8-9

Daoine agus dachaighean • *People and homes*

Teaghlach is caraidean • *Family and friends*	10-11
Do bhodhaig • *Your body*	12-13
Am broinn do bhodhaig • *Inside your body*	14-15
Ciadfathan agus faireachdainnean • *Senses and feelings*	16-17
Dachaigh • *Home*	18-19
Nithean taighe • *Household objects*	20-21

Biadh agus aodach • *Food and clothing*

Biadh is deoch • *Food and drink*	22-23
A h-uile seòrsa biadh • *All sorts of food*	24-25
Measan is glasraich • *Fruit and vegetables*	26-27
Aodach làitheil • *Everyday clothes*	28-29
A h-uile seòrsa aodach • *All sorts of clothes*	30-31

Sgoil agus obair • *School and work*

Anns an sgoil • *At school*	32-33
A h-uile seòrsa obair • *All sorts of work*	34-35
Uidheam agus aodach obrach • *Work equipment and clothing*	36-37

Spòrs agus cur-seachadan • *Sport and leisure*

Spòrs • *Sports*	38-39
Spòrs ann an gnìomh • *Sports in action*	40-41
Geamannan agus cur-seachadan • *Games and leisure*	42-43

Ealain, ceòl agus dibhearsain • *Art, music, and entertainment*

Ealain • *Art*	44-45
Innealan ciùil • *Musical instruments*	46-47
Ceòl is dannsa • *Music and dance*	48-49
TBh, fiolm agus theatar • *TV, film, and theatre*	50-51
Prògraman TBh agus fiolmaichean • *TV shows and films*	52-53

Siubhal agus còmhdhail • *Travel and transport*

Carbadan luchd-siubhail • *Passenger vehicles*	54-55
Carbadan obrach • *Working vehicles*	56-57
Carbadan adhair • *Aircraft*	58-59
Soithichean, bàtaichean is eathraichean eile • *Ships, boats, and other craft*	60-61

Contents

Saidheans agus teicneòlas • *Science and technology*

Lùth is cumhachd • *Energy and power*	62-63
A h-uile seòrsa stuth • *All kinds of materials*	64-65
Togalaichean agus structaran • *Buildings and structures*	66-67
Cumhachdan is innealan • *Forces and machines*	68-69
Coimpiutairean agus innleachdan eileagtronaige • *Computers and electronic devices*	70-71

Beathaichean agus planntrais • *Animals and plants*

Ùthaichean • *Mammals*	72-73
Beathaichean obrach • *Working animals*	74-75
Snàgairean agus muir-thìrich • *Reptiles and amphibians*	76-77
Iasg • *Fish*	78-79
Creutairean mara • *Sea creatures*	80-81
Meanbh-fhrìdean agus mion-bhiastagan • *Insects and mini-beasts*	82-83
Creutairean oidhche • *Nocturnal creatures*	84-85
Eòin • *Birds*	86-87
Craobhan is preasan • *Trees and shrubs*	88-89
A h-uile seòrsa plannt • *All sorts of plants*	90-91

An Talamh 's an àrainneachd • *Planet Earth and the environment*

Bailtean is bailtean-mòra • *Towns and cities*	92-93
Air sràid • *On the street*	94-95
Air an tuath • *In the country*	96-97
Cruthan-tìre is àrainnean • *Landscapes and habitats*	98-99
Sìde • *The weather*	100-101
Truailleadh is glèidhteachas • *Pollution and conservation*	102-103
An Talamh • *Planet Earth*	104-105

Fànais agus siubhal fànais • *Space and space travel*

An còras-grèine • *The solar system*	106-107
Siubhal fànais • *Space travel*	108-109

Cunntadh, àireamhan agus tomhais • *Counting, numbers, and measurements*	110-111
Mìosachan agus tìde • *Calendar and time*	112-113
Dathan is cumaidhean • *Colours and shapes*	114
Facail ceart-aghaidh is àite • *Opposites and position words*	115

Clàr-amais Gàidhlig • *Gaelic index*	116-121
Clàr-amais Beurla • *English index*	122-127

Mar a chleachdas tu an leabhar seo

Tha am faclair seo loma-làn de fhacail fheumail, agus 's e leabhar fiosrachaidh a th' ann cuideachd. Cuidichidh e thu airson tuilleadh fhaighinn a-mach mu dheidhinn an t-saoghail aig an aon àm 's a tha thu ag ionnsachadh facail ùra ann an dà chànan.

This dictionary is packed with useful words, and it is also an information book. It will help you find out more about the world at the same time as you are learning new words in two languages.

Ciamar a tha e air a chur ri chèile? • *How is it organized?*

Tha am faclair a' coimhead ri deich cuspairean, a' gabhail a-steach Daoine is dachaighean, Sgoil is obair, Beathaichean is planntrais, Saidheans is teicneòlas agus mòran a bharrachd. Anns gach cuspair, tha duilleagan ann mu dheidhinn diofar nithean leithid Teaghlach is caraidean, Do bhodhaig agus Ciadfathan is faireachdainnean.

The dictionary is divided into 10 topics, including People and homes, School and work, Animals and plants, and Science and technology. Within each topic there are pages on different subjects, such as Family and friends, Your body, and Senses and feelings.

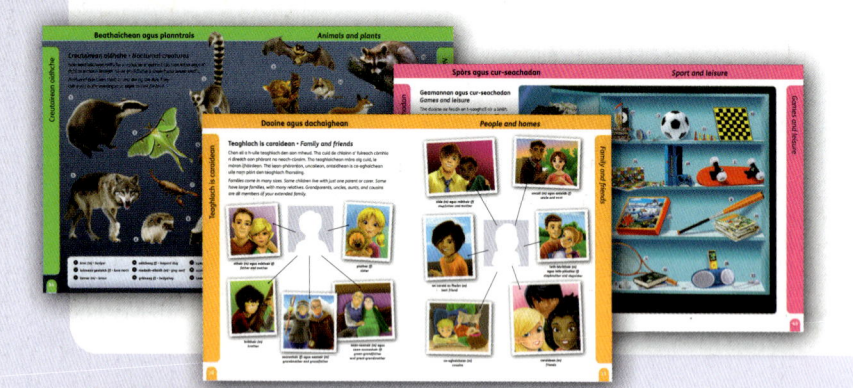

Faodaidh tu cuspair a lorg sa bheil ùidh mhòr agad agus obrachadh troimhe. No faodaidh tu dìreach a dhol gu cuspair sam bith.

You can find a topic that specially interests you and work right through it. Or you can dip into the dictionary wherever you want.

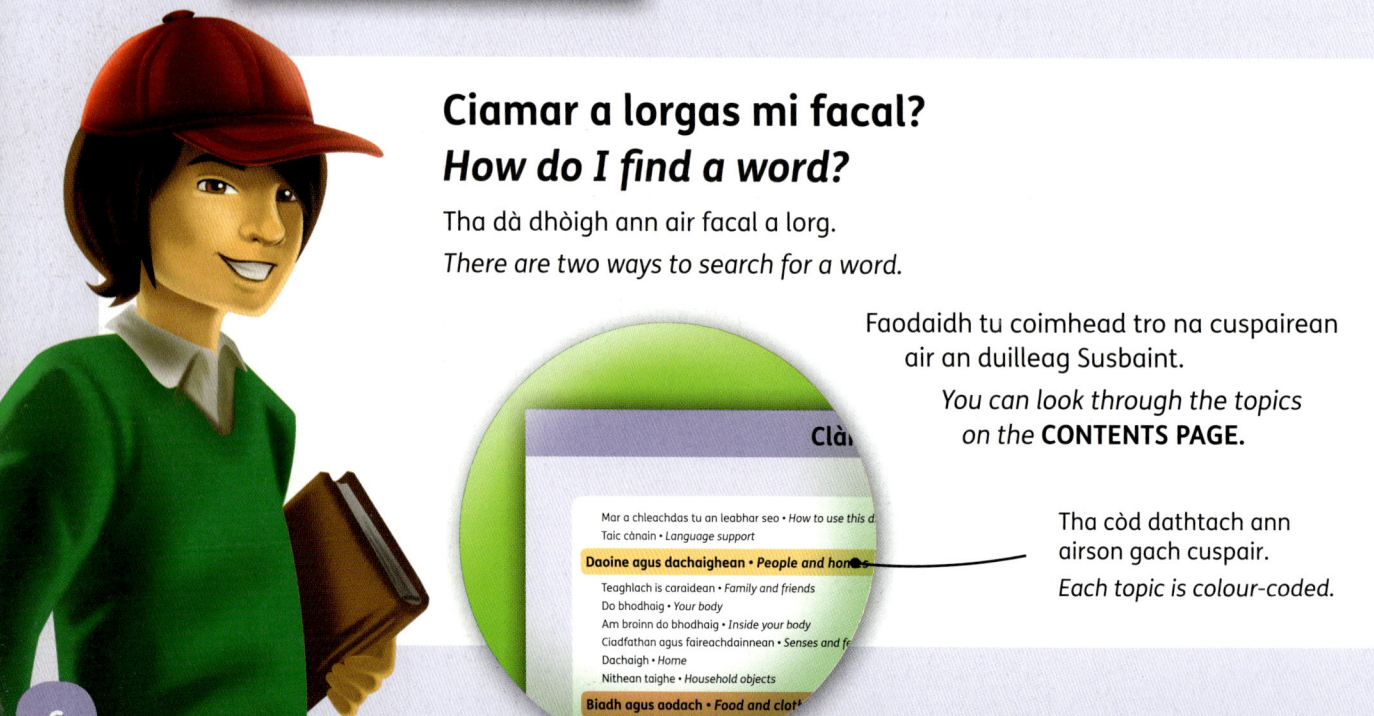

Ciamar a lorgas mi facal?
How do I find a word?

Tha dà dhòigh ann air facal a lorg.
There are two ways to search for a word.

Faodaidh tu coimhead tro na cuspairean air an duilleag Susbaint.
*You can look through the topics on the **CONTENTS PAGE**.*

Tha còd dathtach ann airson gach cuspair.
Each topic is colour-coded.

How to use this dictionary

Cleachdadh an fhaclair • Using the dictionary

Air gach duilleag, tha facail air an toirt a-steach tro ìomhaighean bheòthail, seallaidhean agus diagraman le ainmean. Mar sin, tha e furasta am facal a tha thu ag iarraidh a lorg – agus mòran fhacail eile air an t-slighe.

On each page, words are introduced through lively images, scenes, and labelled diagrams. So it's easy to find the word you need – and discover many more words along the way.

Tha pannalan deilbh a' toirt seachad briathrachas nas doimhne.
Feature panels give more in-depth vocabulary.

Tha am bàr aig a' chliathaich a' comharrachadh fo-chuspair.
Side bar identifies the subject.

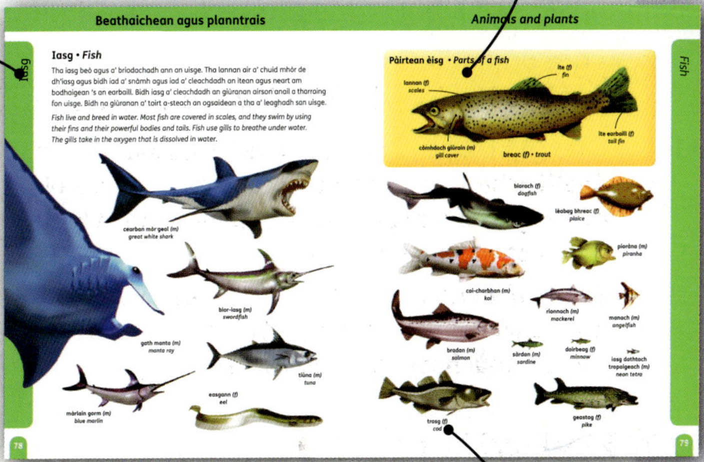

Tha ro-ràdh san dà chànan a' cur barrachd fiosrachaidh ris a' chuspair.
Introduction in both languages adds extra information on the subject.

Tha am bàr aig a' mhullach a' comharrachadh prìomh chuspair.
Top bar identifies the topic section.

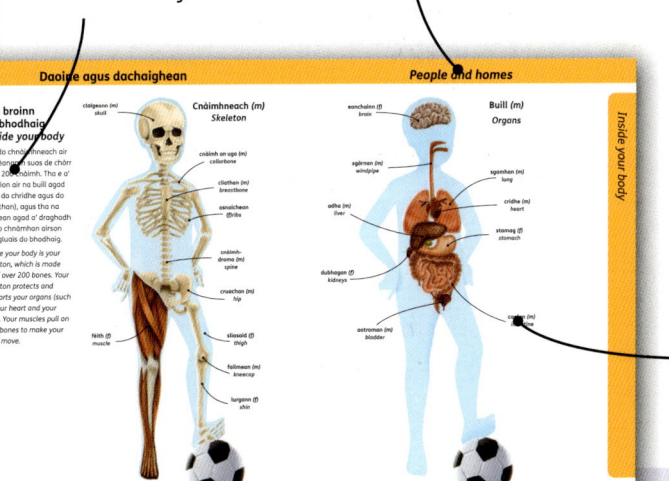

Tha tiotalan a' toirt seachad facail no abairtean ann an dà chànan.
Captions provide words or phrases in two languages.

Tha ainmean a' cuideachadh le ciall ceart an fhacail innse.
Labels help to pinpoint the exact meaning of a word.

No faodaidh tu an clàr-amais aig cùl an leabhair a chleachdadh.
*Or you can use the **INDEX** at the back of the book.*

Tha clàr-amais Beurla agus Gàidhlig ann, agus mar sin gheibh thu am facal ann an Gàidhlig no Beurla.
There is an English and a Gaelic index, so you can find a word in either language.

Ge 'r bith ciamar a lorgas tu facal, bidh mòran spòrs agad a' sgrùdadh dheilbh is facail!
However you find your word, you will have fun exploring pictures and words!

Taic cànain

This book is all about learning new words in Gaelic (Gàidhlig). You will be able to look at the pictures and learn a lot of new words which you have not learned before in a whole range of different themes and situations.

Most of the words you see in the book are nouns but some are verbs and some are adjectives also. The nouns tell you the names of the different things you see on each page, the verbs tell you what they do and the adjectives tell you about them. Sometimes we call nouns 'naming words', sometimes we call verbs 'doing words' and sometimes we call adjectives 'describing words'. You will see these in different parts of the book. The pictures will help you a lot.

Gender

In Gaelic, all the nouns are either masculine or feminine – a bit like 'him' and 'her'. This is called the gender of a noun. That is why you will see *(m)* written for masculine and *(f)* for feminine after each noun. So, when you learn a new word, make sure that you learn whether it is masculine or feminine. That is very important in Gaelic because when a noun is feminine the adjective changes. Here is an example: **taigh** *(m)* **mòr**, but **craobh** *(f)* **mhòr**.

Singular and plural

When a word refers to only one thing we say that it is singular. When a word refers to more than one thing we say that it is plural. Most of the nouns in the book are singular, but you will see that some are plural. We sometimes have words which are singular in Gaelic, such as **buntàta** *(m sing)*, but plural in English (potatoes), and sometimes plural in Gaelic, such as **measan** *(m pl)*, and singular in English (fruit).

Language support

Pronunciation

You will know already about those important letters which we call vowels, that is **a, e, i, o** and **u**. In Gaelic, you will sometimes see them written with an accent and they will be written like this - **à, è, ì, ò, ù**.

When the vowels are written with an accent, they are telling you to sound them a bit differently by making them bigger and longer. Here are some examples of words you will know and you can try listening to yourself when you say them: **bata/bàta, de/dè, min/mìn, post/pòsta, ur/ùr**.

The other letters which are not vowels are called consonants and there are thirteen of them in the Gaelic alphabet – **b, c, d, f, g, h, l, m, n, p, r, s, t**. Sometimes you will find some of these consonants being paired off with the letter 'h' like this: **bh, ch, dh, fh, gh, mh, ph, sh** and **th**, and when they are paired off like this they make a very different sound. We are sure you have already learned some of these, so now you can learn some more.

This book follows the spelling rules of the Gaelic Orthographic Conventions 2005/2009, the approved form for use in Gaelic Medium Education in Scotland.

Daoine agus dachaighean

Teaghlach is caraidean • *Family and friends*

Chan eil a h-uile teaghlach den aon mheud. Tha cuid de chloinn a' fuireach còmhla ri dìreach aon phàrant no neach-cùraim. Tha teaghlaichean mòra aig cuid, le mòran chàirdean. Tha sean-phàrantan, uncailean, antaidhean is co-oghaichean uile nam pàirt den teaghlach fharsaing.

Families come in many sizes. Some children live with just one parent or carer. Some have large families, with many relatives. Grandparents, uncles, aunts, and cousins are all members of your extended family.

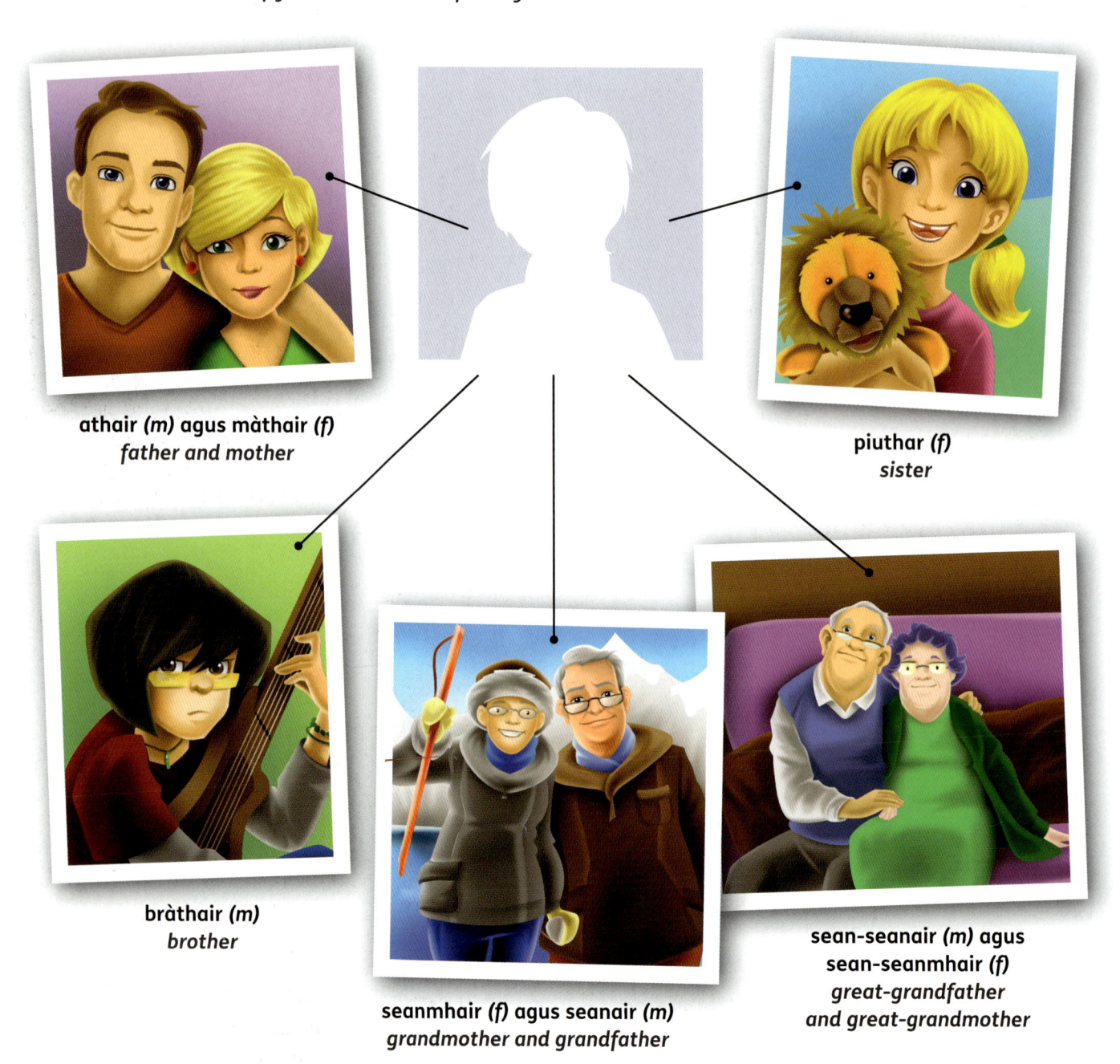

athair *(m)* agus màthair *(f)*
father and mother

piuthar *(f)*
sister

bràthair *(m)*
brother

seanmhair *(f)* agus seanair *(m)*
grandmother and grandfather

sean-seanair *(m)* agus sean-seanmhair *(f)*
great-grandfather and great-grandmother

People and homes

oide *(m)* **agus màthair** *(f)*
stepfather and mother

uncail *(m)* **agus antaidh** *(f)*
uncle and aunt

an caraid as fheàrr *(m)*
best friend

leth-bhràthair *(m)*
agus leth-phiuthar *(f)*
stepbrother and stepsister

co-oghaichean *(m)*
cousins

caraidean *(m)*
friends

Family and friends

11

Daoine agus dachaighean

Do bhodhaig • *Your body*

Tha do bhodhaig coltach ri inneal nach eil furasta obrachadh a-mach. Tha gach pàirt a th' ann ag obair còmhla ri chèile cho math 's a ghabhas agus mar sin 's urrainn dhut mòran diofar ghnìomhan a dhèanamh aig an aon àm. Tha do bhodhaig dripeil cuideachd fad na h-ùine gad chumail beò!

Your body is like an incredibly complicated machine. All its parts work perfectly together, so you can do many different jobs at once. It is also busy all the time keeping you alive!

Aodann (m) • *Face*

- falt (m) — *hair*
- maoil (f) — *forehead*
- mala (f) — *eyebrow*
- sùil (f) — *eye*
- sròn (f) — *nose*
- beul (m) — *mouth*
- cluas (f) — *ear*
- gruaidhean (f) — *cheeks*
- fiaclan (f) — *teeth*
- smiogaid (f) — *chin*

People and homes

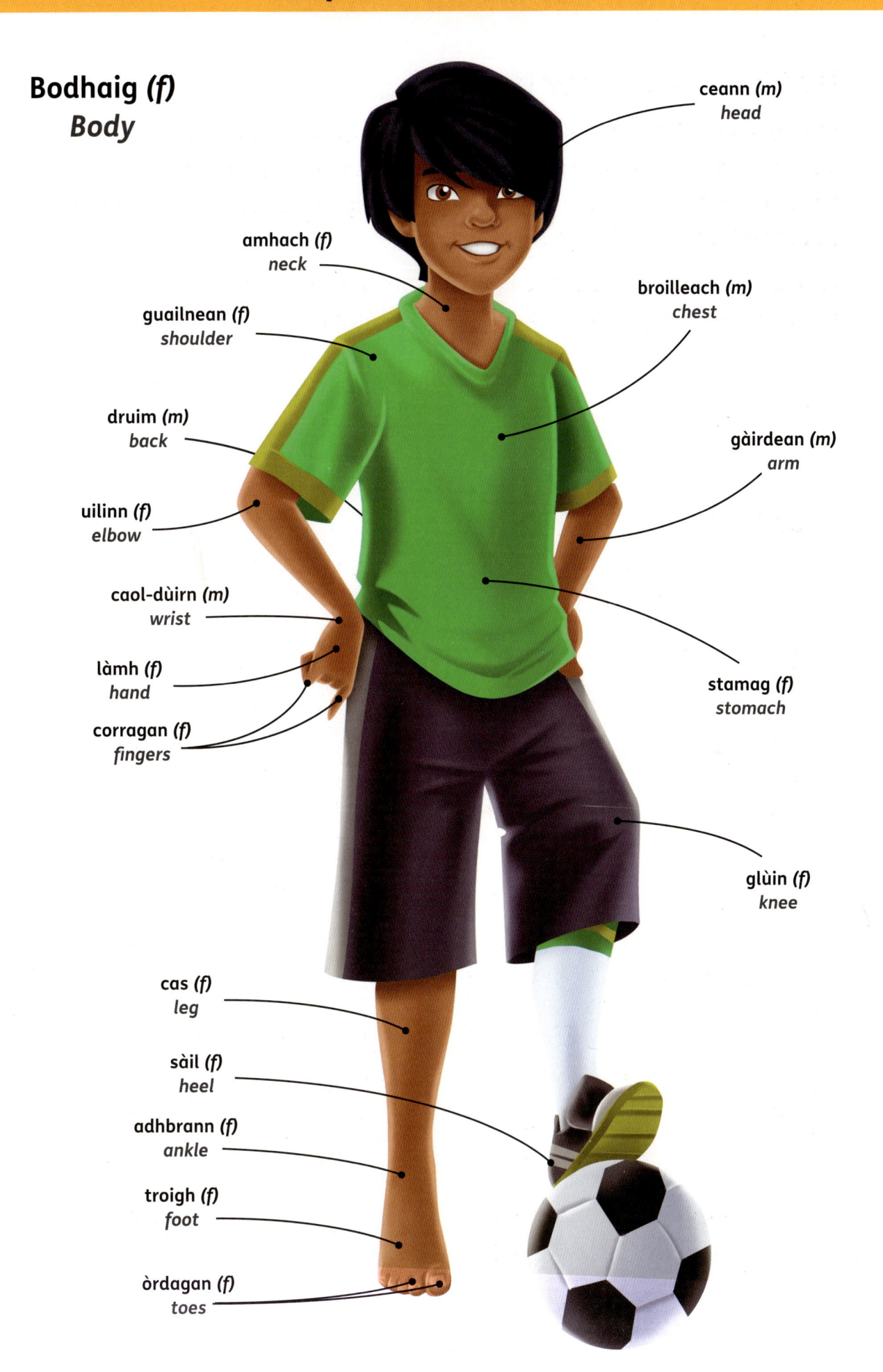

Bodhaig (f)
Body

ceann *(m)*
head

amhach *(f)*
neck

broilleach *(m)*
chest

guailnean *(f)*
shoulder

druim *(m)*
back

gàirdean *(m)*
arm

uilinn *(f)*
elbow

caol-dùirn *(m)*
wrist

làmh *(f)*
hand

corragan *(f)*
fingers

stamag *(f)*
stomach

glùin *(f)*
knee

cas *(f)*
leg

sàil *(f)*
heel

adhbrann *(f)*
ankle

troigh *(f)*
foot

òrdagan *(f)*
toes

Your body

13

Daoine agus dachaighean

Am broinn do bhodhaig
Inside your body

Tha do chnàimhneach air a dhèanamh suas de chòrr agus 200 cnàimh. Tha e a' cur dìon air na buill agad (mar do chridhe agus do ghrùthan), agus tha na fèithean agad a' draghadh air do chnàmhan airson gun gluais do bhodhaig.

Inside your body is your skeleton, which is made up of over 200 bones. Your skeleton protects and supports your organs (such as your heart and your liver). Your muscles pull on your bones to make your body move.

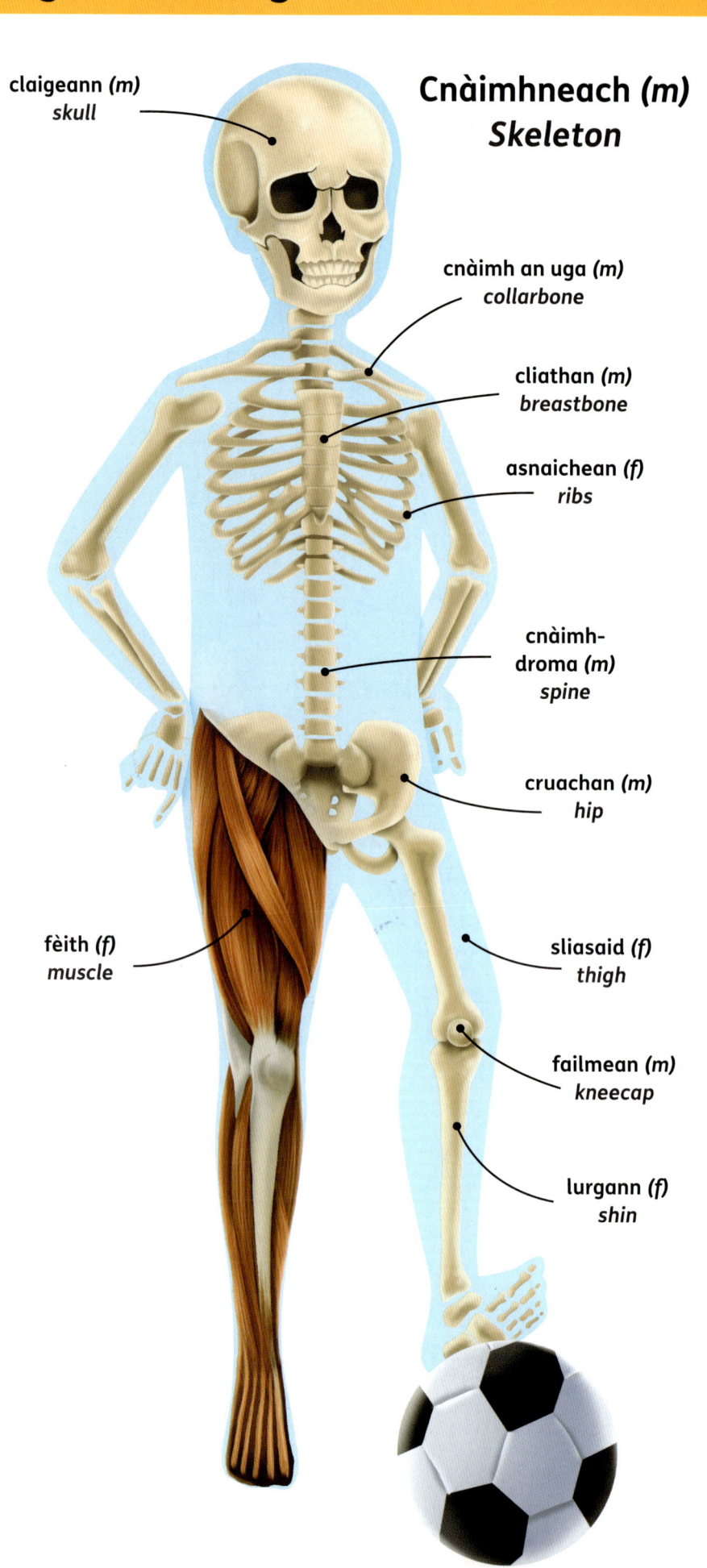

Cnàimhneach (m)
Skeleton

- claigeann (m) — *skull*
- cnàimh an uga (m) — *collarbone*
- cliathan (m) — *breastbone*
- asnaichean (f) — *ribs*
- cnàimh-droma (m) — *spine*
- cruachan (m) — *hip*
- fèith (f) — *muscle*
- sliasaid (f) — *thigh*
- failmean (m) — *kneecap*
- lurgann (f) — *shin*

People and homes

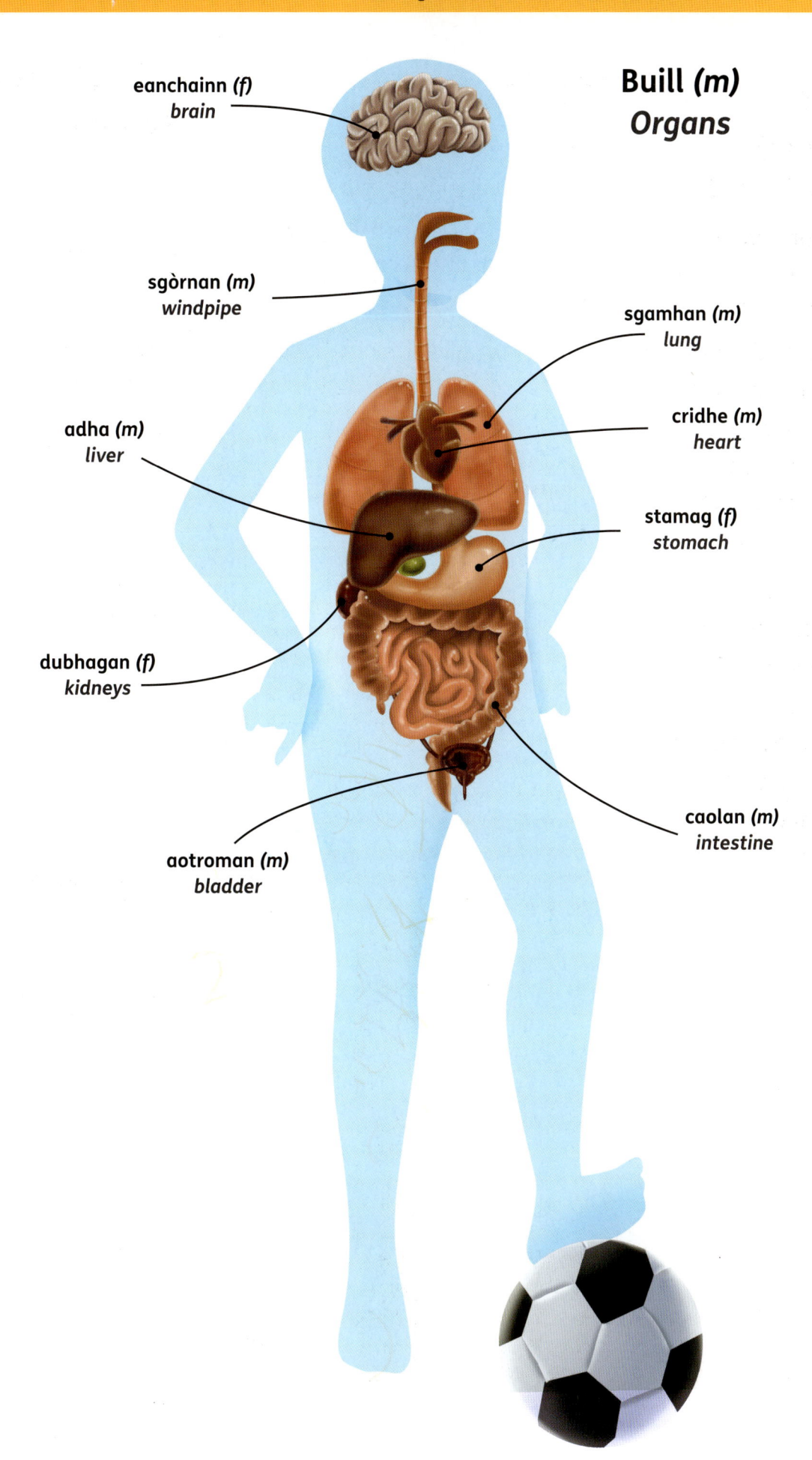

Buill *(m)*
Organs

eanchainn *(f)*
brain

sgòrnan *(m)*
windpipe

sgamhan *(m)*
lung

cridhe *(m)*
heart

adha *(m)*
liver

stamag *(f)*
stomach

dubhagan *(f)*
kidneys

caolan *(m)*
intestine

aotroman *(m)*
bladder

Inside your body

15

Daoine agus dachaighean

Ciadfathan agus faireachdainnean • *Senses and feelings*

Tha ar ciadfathan a' ceangal ar bodhaigean ris an t-saoghal a-muigh. Tha iad a' giùlain soidhneachan gu ar n-eanchainn mu dheidhinn gach nì a tha sinn a' faicinn, a' cluinntinn, a' snòtadh, a' blasad agus a' suathadh. Tha sinn a' cleachdadh ar n-aodann airson soidhneachan a chur gu daoine eile mu dheidhinn mar a tha sinn a' faireachdainn.

Our senses link our bodies to the outside world. They carry signals to our brains about everything we see, hear, smell, taste, and touch, we use our faces to send signals to other people about how we are feeling.

Suathadh (m) • Touch
- bog — soft
- fliuch — wet
- geur — sharp
- teth — hot
- fuar — cold

Blas (m) • Taste
- milis — sweet
- searbh — sour
- saillte — salty

Claisneachd (f) • Hearing
- sàmhach — quiet
- àrd — loud

Fradharc (m) • Sight
- soilleir — bright
- dathach — colourful

Fàileadh (m) • Smell
- dona — nasty
- snog — nice

People and homes

Senses and feelings

toilichte
happy

brònach
sad

eagalach
scared

feargach
angry

moiteil
proud

air bhioran
excited

iongnadh (m) air
surprised

luathaireach
mischievous

faoin
silly

gàireachdaich
laughing

troimh-a-chèile
confused

air (mo) bhòradh
bored

17

Daoine agus dachaighean

Dachaigh • *Home*

Tha dachaighean a' tighinn anns a h-uile meud agus a h-uile cumadh agus faodaidh iad a bhith nan dachaigh le aon rùm gu taighean a tha fìor mhòr le tòrr rumannan. Tha àiteachan sa mhòr-chuid dhiubh airson còcaireachd, nighe, cadal agus airson fois a ghabhail.

Homes come in all shapes and sizes, and range from single rooms to massive mansions. Most have areas for cooking, washing, sleeping, and relaxing.

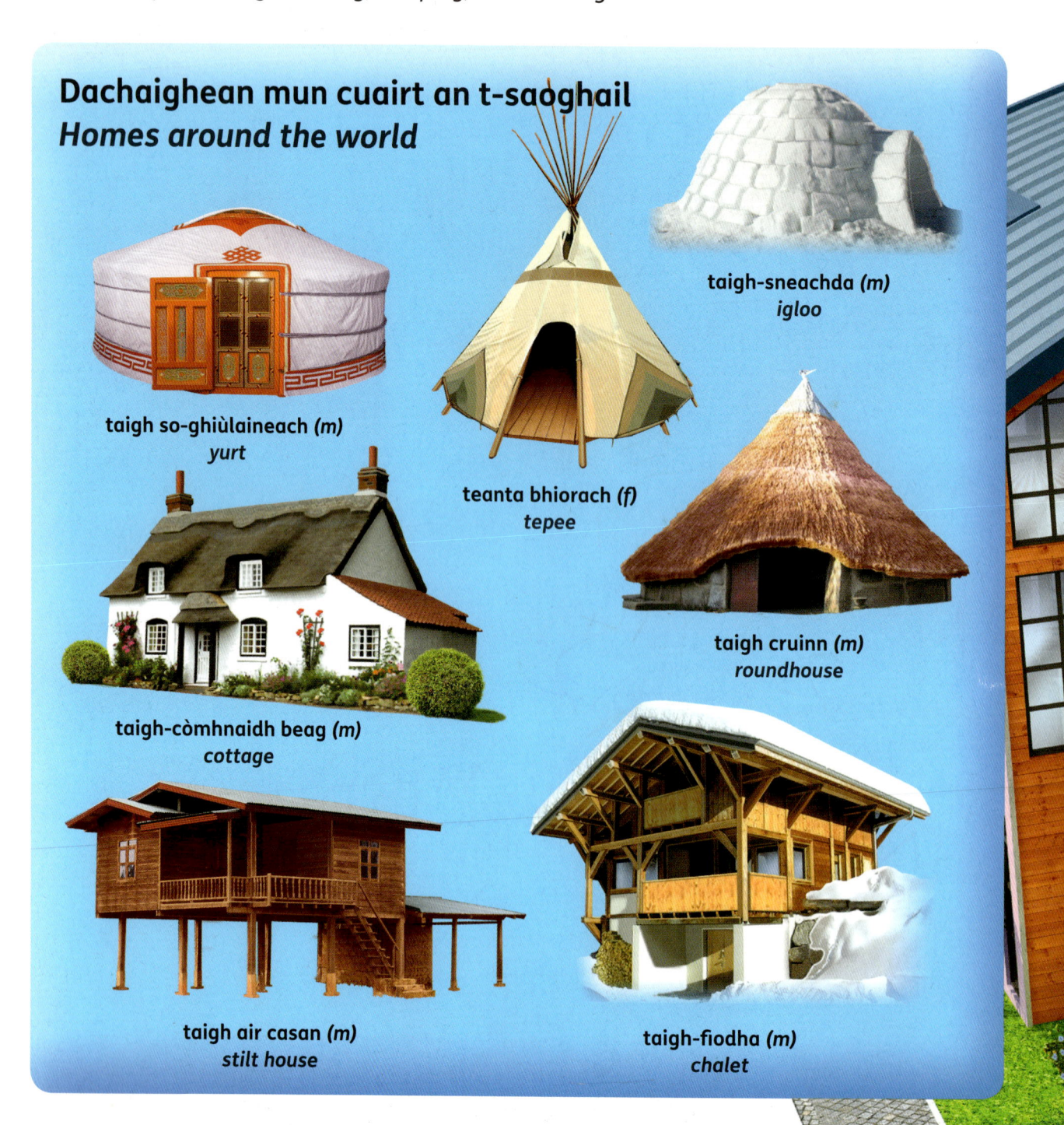

Dachaighean mun cuairt an t-saoghail
Homes around the world

taigh so-ghiùlaineach *(m)*
yurt

teanta bhiorach *(f)*
tepee

taigh-sneachda *(m)*
igloo

taigh-còmhnaidh beag *(m)*
cottage

taigh cruinn *(m)*
roundhouse

taigh air casan *(m)*
stilt house

taigh-fiodha *(m)*
chalet

People and homes

Home

1. similear *(m)* — chimney
2. uinneag *(f)* — window
3. doras *(m)* — door
4. mullach *(m)* — roof
5. cidsin *(m)* — kitchen
6. seòmar-ionnlaid *(m)* — bathroom
7. seòmar-suidhe *(m)* — living room
8. seòmar-cadail *(m)* — bedroom
9. garaids *(f)* — garage
10. amar *(m)* — bath
11. taigh-beag *(m)* — toilet
12. frasair *(m)* — shower
13. sèithear *(m)* — chair
14. bòrd *(m)* — table
15. leabaidh *(f)* — bed
16. telebhisean *(m)* — television
17. since *(f)* — sink
18. cucair *(m)* — cooker

Daoine agus dachaighean

Nithean taighe • Household objects

Tha ar dachaighean làn de dh'innealan agus stuthan taighe. Bidh sinn a' cleachdadh nan nithean taighe sin a h-uile latha airson ar biadh a dhèanamh agus airson sinn fhìn a chumail glan.

Our homes are full of useful household tools and materials. We use these household objects every day to cook our food and to keep ourselves clean.

Anns a' chidsin • *In the kitchen*

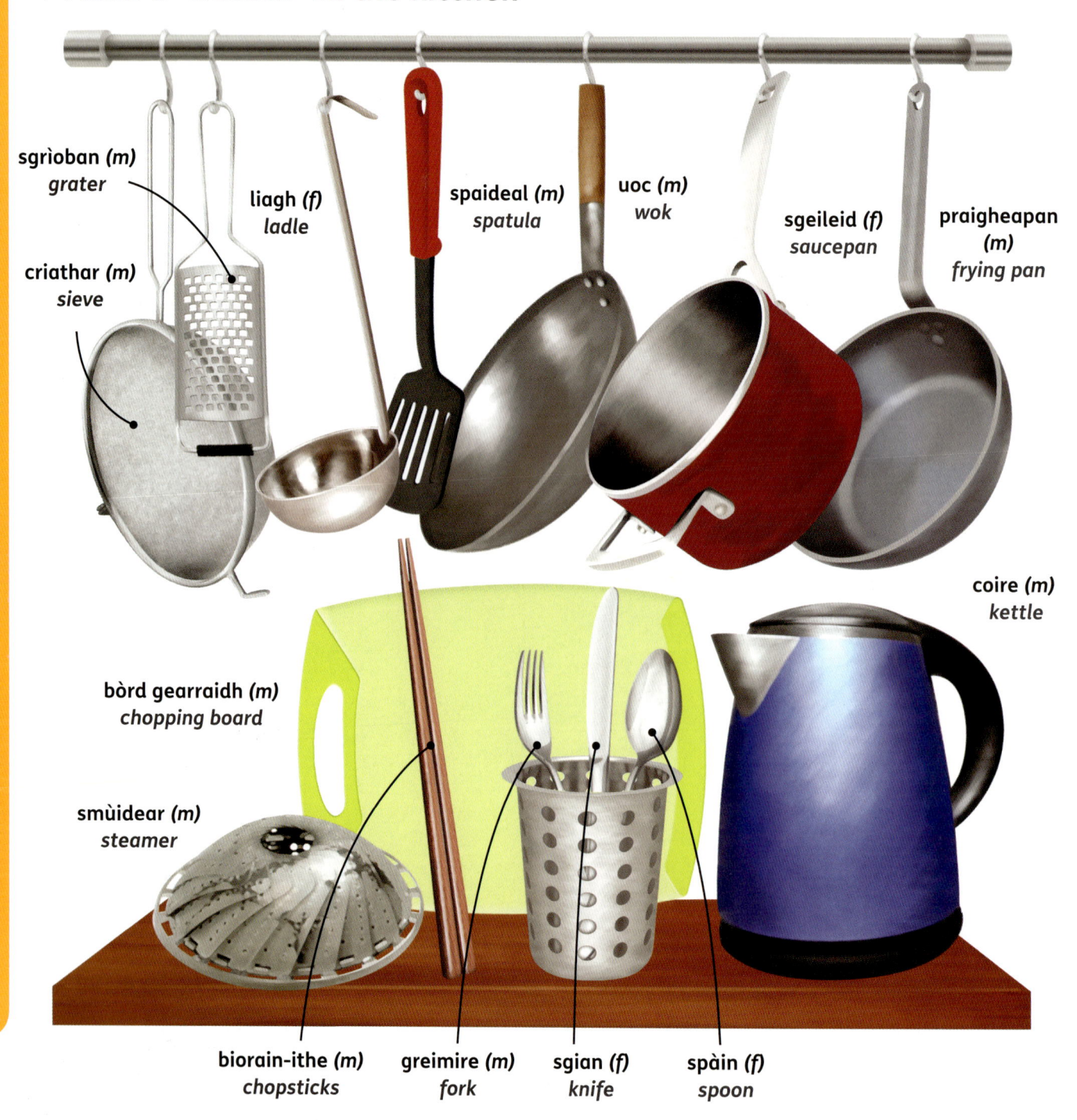

- sgrìoban *(m)* — grater
- criathar *(m)* — sieve
- liagh *(f)* — ladle
- spaideal *(m)* — spatula
- uoc *(m)* — wok
- sgeileid *(f)* — saucepan
- praigheapan *(m)* — frying pan
- coire *(m)* — kettle
- bòrd gearraidh *(m)* — chopping board
- smùidear *(m)* — steamer
- biorain-ithe *(m)* — chopsticks
- greimire *(m)* — fork
- sgian *(f)* — knife
- spàin *(f)* — spoon

People and homes

Anns an t-seòmar-ionnlaid • *In the bathroom*

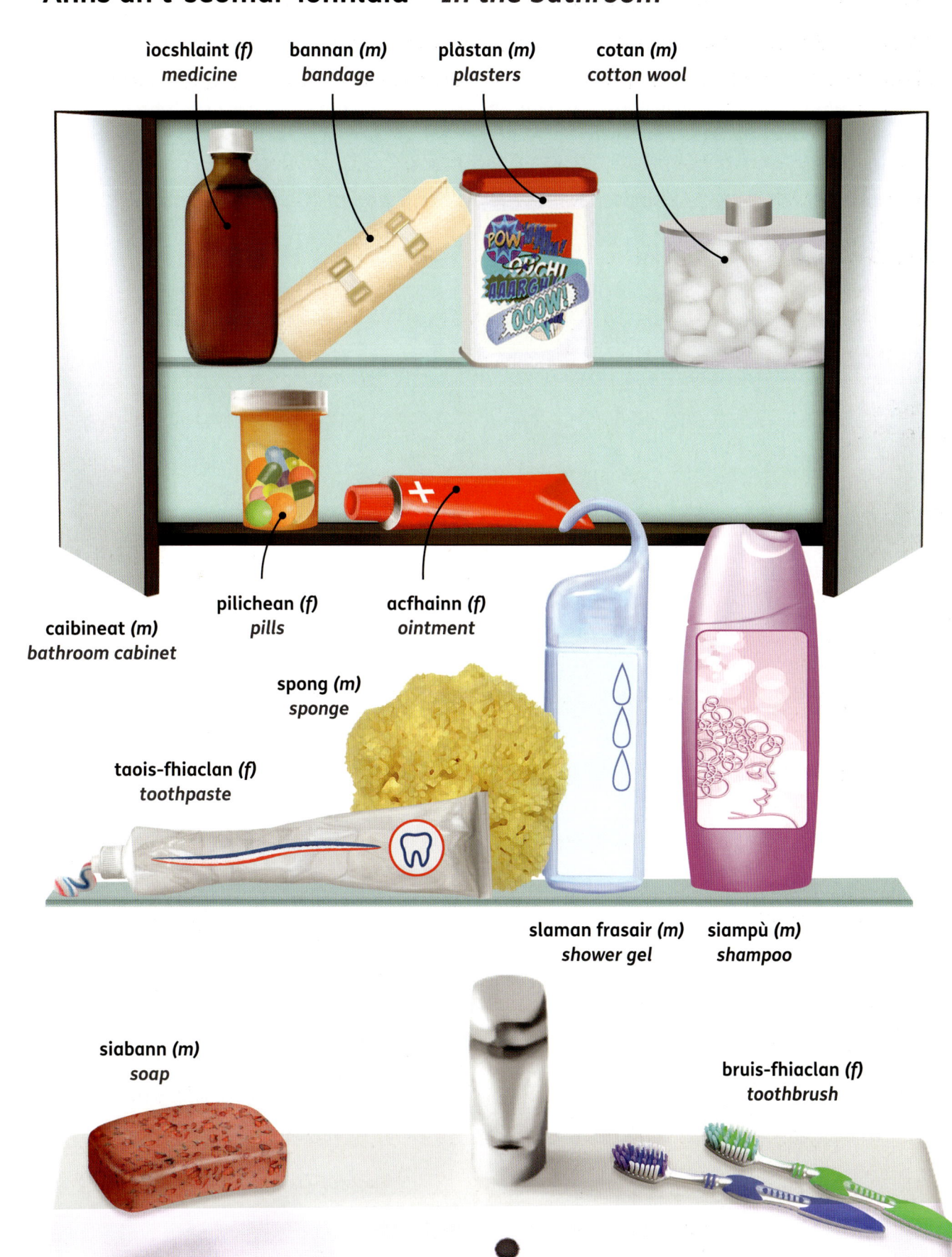

ìocshlaint (f) *medicine*

bannan (m) *bandage*

plàstan (m) *plasters*

cotan (m) *cotton wool*

caibineat (m) *bathroom cabinet*

pilichean (f) *pills*

acfhainn (f) *ointment*

spong (m) *sponge*

taois-fhiaclan (f) *toothpaste*

slaman frasair (m) *shower gel*

siampù (m) *shampoo*

siabann (m) *soap*

bruis-fhiaclan (f) *toothbrush*

Household objects

21

Biadh agus aodach

Biadh is deoch • *Food and drink*

Tha feum againn air biadh is deoch airson ar cumail beò, ach tha cuid de bhiadh ann a tha nas fheàrr do ar slàinte. Tha am pioramaid mur coinneamh a' sealltainn biadh fallain aig a' bhonn agus biadh nach eil cho fallain aig a' mhullach.

We need food and drink to keep us alive, but some foods are better for our health than others. The pyramid opposite shows healthy foods at the bottom and less healthy foods at the top.

Deochan (f) • *Drinks*

teatha uaine (f)
green tea

teoclaid teth (m)
hot chocolate

sùgh mheasan (m)
fruit juice

cofaidh (m)
coffee

deoch ghasach (f)
fizzy drink

uisge (m)
water

teatha (f)
tea

bainne (m)
milk

22

Food and clothing

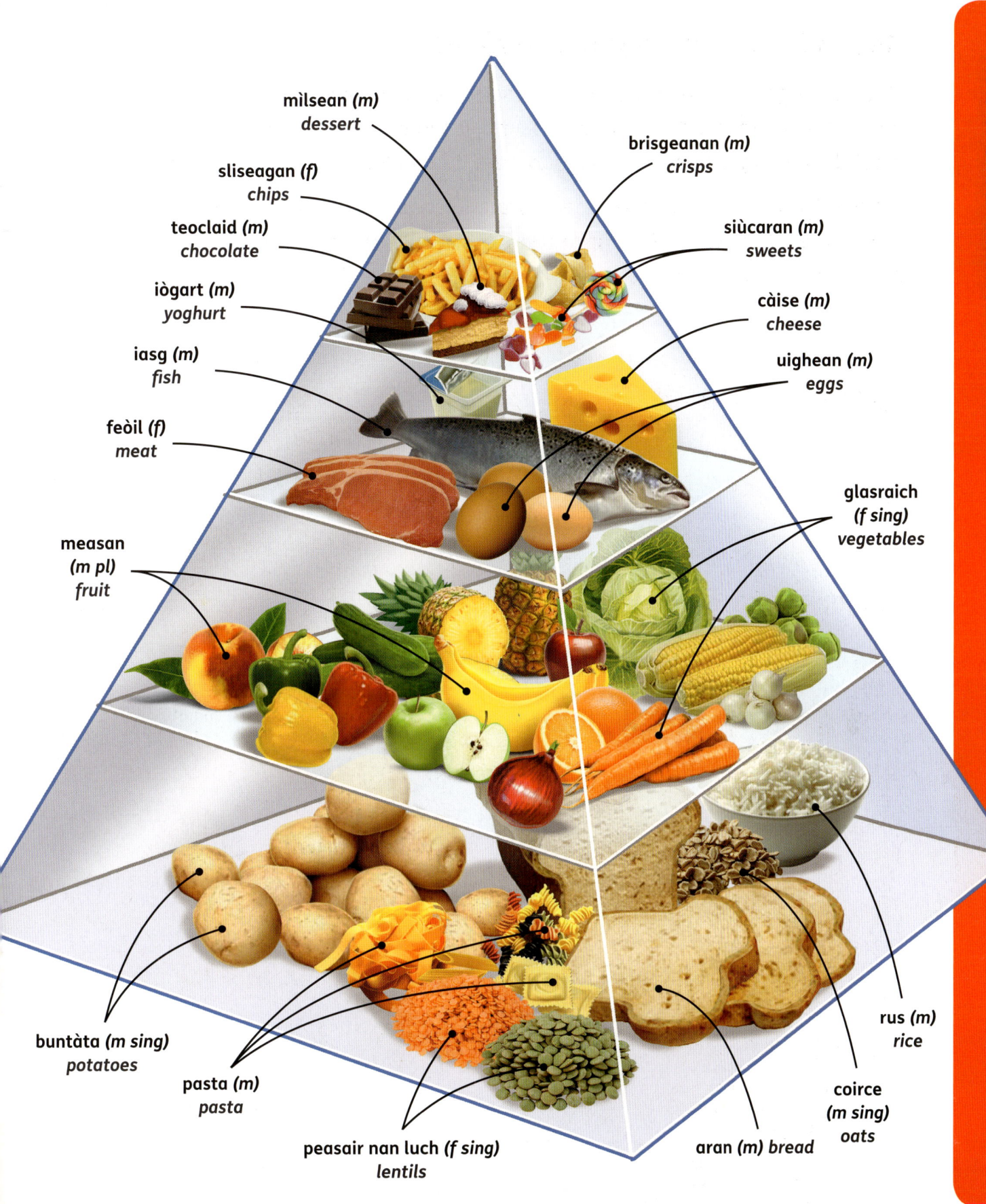

Food and drink

- mìlsean (m) — dessert
- sliseagan (f) — chips
- teoclaid (m) — chocolate
- iògart (m) — yoghurt
- iasg (m) — fish
- feòil (f) — meat
- measan (m pl) — fruit
- buntàta (m sing) — potatoes
- pasta (m) — pasta
- peasair nan luch (f sing) — lentils
- aran (m) bread
- coirce (m sing) — oats
- rus (m) — rice
- glasraich (f sing) — vegetables
- uighean (m) — eggs
- càise (m) — cheese
- siùcaran (m) — sweets
- brisgeanan (m) — crisps

23

Biadh agus aodach

A h-uile seòrsa biadh • *All sorts of food*

Bidh daoine ag ithe greimeagan bìdhe nuair a tha biadh beag a dhìth orra as urrainn dhaibh ithe ann an cabhaig. Ma tha barrachd tìde aca, faodaidh iad prìomh chùrsa agus mìlsean ithe.

People have a snack when they need a small meal that can be eaten fast.
If they have more time, they can enjoy a main course and a dessert.

GREIMEAGAN (m)
SNACKS

- ceapaire (m) — *sandwich*
- pasgan (m) — *wrap*
- burgar (m) — *burger*
- brot (m) — *soup*
- roile (f) — *roll*
- piotsa (m) — *pizza*

PRÌOMH CHÙRSA (m)
MAIN COURSE

- staoig (f) — *steak*
- paella (m) — *paella*
- uanfheòil (f) — *lamb*
- coiridh (m) — *curry*
- buill-feòla (m) — *meatballs*
- cearc (f) — *chicken*

Food and clothing

All sorts of food

Biadh mìorbhaileach neo-àbhaisteach • Weird and wonderful foods

casan losgainn (f)
frogs' legs

brot fheanntag (m)
stinging nettle soup

tarantula ròsta (m sing)
fried tarantulas

PRÌOMH CHÙRSA (m)
MAIN COURSE

sailead (m)
salad

greimeagan Spàinneach (m)
tapas

tofù (m)
tofu

spaghetti (m)
spaghetti

oimeilead (m)
omelette

MÌLSEAN (m)
DESSERT

reòiteag (f)
ice cream

sailead mheasan (m)
fruit salad

cèicichean-cupa (m)
cupcakes

foileagan (f)
pancakes

gato (m)
gateau

25

Biadh agus aodach

Measan is glasraich • *Fruit and vegetables*

Tha measan is glasraich nam pàirt de lusan. Is e am meas am pàirt den lus sa bheil an sìol, na piopan no a' chlach. Is e a' ghlasraich na freumhan, na duilleagan no gasan an luis.

Fruit and vegetables are parts of plants. A fruit is the part of a plant that contains its seeds, pips, or stone. Vegetables are the roots, leaves, or stems of a plant.

sùbh-làir *(m)*
strawberries

uinnean *(m)*
onion

piobar *(m)*
peppers

abhacàdo *(m)*
avocados

peasair *(f)*
peas

tomàto *(m)*
tomatoes

currain *(m)*
carrots

peitseag *(f)*
peaches

fìgis *(f)*
figs

liomaid *(f)*
lemons

peapag *(f)*
pumpkins

Food and clothing

Fruit and vegetables

Am broinn ubhail
Inside an apple

- piop (m) — *pips*
- gas (f) — *stem*
- rùsg (m) — *skin*
- biadh (m) — *flesh*

orainsear (m)
oranges

siristean (f)
cherries

buntàta (m sing)
potatoes

cularan (m)
cucumber

banana (m)
bananas

coirce-milis (m)
sweetcorn

càl (m)
cabbage

meal-bhuc uisge (m)
watermelon

pònair uaine (f)
green beans

peur (f)
pears

27

Biadh agus aodach

Aodach làitheil • *Everyday clothes*

Tha aodach a' cur dìon air do bhodhaig agus a' cuideachadh le do chumail glan, blàth agus tioram. Faodaidh iad coltas math a chur ort cuideachd!

Clothes protect your body and help to keep you clean, warm, and dry. They can make you look good too!

currac (m)
cap

bann fuilt (m)
hair band

lèine (f)
shirt

lèine spòrs (f)
sweatshirt

càrdagan (m)
cardigan

dreasa (f)
dress

dinichean (m)
jeans

casachain (m)
leggings

bròcan-trèanaidh (f)
trainers

bròcan (f)
shoes

Food and clothing

Everyday clothes

ad (f)
hat

stoc (m)
scarf

miotagan (f)
gloves

lèine-t (f)
T-shirt

lèine deise-spòrs (f)
tracksuit top

còta (m)
coat

briogais ghoirid (f sing)
shorts

stocainnean-teann (f)
tights

sgiorta (f)
skirt

stocainnean-goirid (f)
socks

bròyan (f)
boots

bròyan ball-coise (f)
football boots

29

Biadh agus aodach

A h-uile seòrsa aodach • *All sorts of clothes*

Air an duilleig seo chì thu culaidhean aosmhor às an Ròimh, an Roinn Eòrpa agus Iapan. Air an duilleig mu choinneamh tha dealbhan de dh'aodach bho dhiofar dhùthchannan.

On this page you can see some historical costumes from ancient Rome, Europe, and Japan. The opposite page includes some examples of clothes from different countries.

bana-ìmpire Iapànach (f)
Japanese empress
- gaotharan (m) — *fan*
- ciomòna (m) — *kimono*

banrigh mheadhan-aoiseil (f)
medieval queen
- crùn (m) — *crown*
- cleòca (m) — *cloak*

ridire meadhan-aoiseil (m)
medieval knight
- pleit-broillich (f) — *breastplate*
- deise armachd (f) — *suit of armour*

Ròmanach àrsaidh (m)
ancient Roman
- tòga (m) — *toga*
- cuaranan (m) — *sandals*

gaisgeach samuraidh Iapànach (m)
Japanese samurai warrior
- clogaid (f) — *helmet*
- dòrnag (f) — *gauntlet*

Food and clothing

All sorts of clothes

- seacaid (f) *jacket*
- fèileadh (m) *kilt*
- blobhsa (m) *blouse*
- aparan (m) *apron*
- clogan (f) *clogs*
- sàraidh (m) *sari*
- taidh (f) *tie*
- deise (f) *suit*
- turaban (m) *turban*
- ad àrd (f) *top hat*
- peitean (m) *waistcoat*
- sgàile (f) *veil*
- trusgan bainnse (m) *wedding dress*

31

Sgoil agus obair

Anns an sgoil

Anns an sgoil • *At school*

Feumaidh a' chuid mhòr de chloinn a dhol dhan sgoil. Ann an cuid de dhùthchannan, bidh clann a' tòiseachadh a' dol dhan sgoil aig aois 4 bliadhna ach ann an àiteachan eile cha bhi an sgoil a' tòiseachadh gu 7 bliadhna. Anns an sgoil, bidh tu ag ionnsachadh sgilean a tha glè chudromach. Bidh tu ag ionnsachadh mu dheidhinn mòran chuspairean a bhios gad chuideachadh air an saoghal mun cuairt ort a thuigsinn.

Most children have to go to school. In some countries, children start school at age four, in other countries they start at age seven. At school, you learn and practise some very important skills. You study a range of subjects that help you understand the world around you.

gleoc (m)
clock

clàr-ama (m)
timetable

clàr balla (m)
wall chart

School and work

Leasanan (m) • Lessons

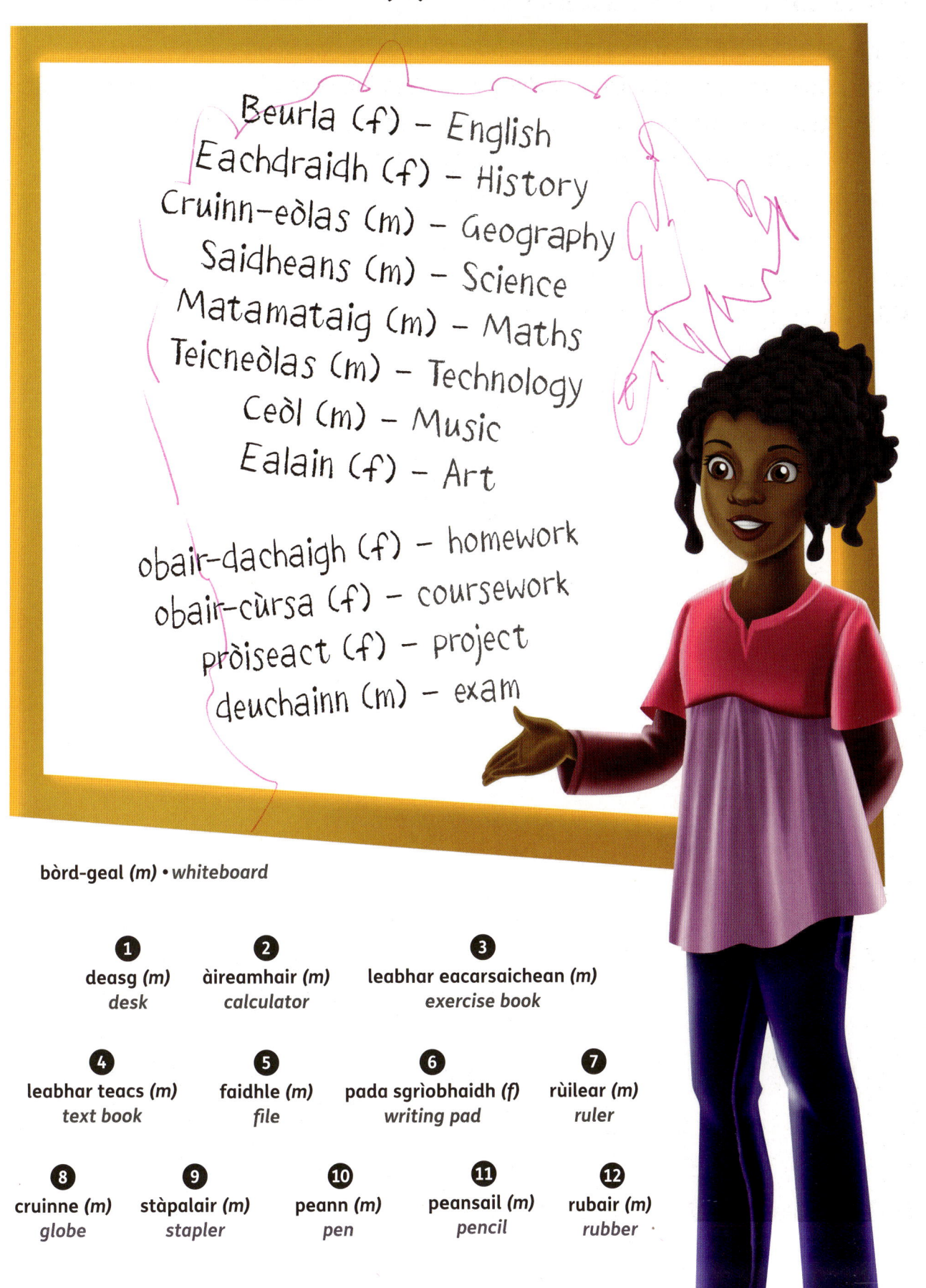

Beurla (f) – English
Eachdraidh (f) – History
Cruinn-eòlas (m) – Geography
Saidheans (m) – Science
Matamataig (m) – Maths
Teicneòlas (m) – Technology
Ceòl (m) – Music
Ealain (f) – Art

obair-dachaigh (f) – homework
obair-cùrsa (f) – coursework
pròiseact (f) – project
deuchainn (m) – exam

bòrd-geal (m) • whiteboard

1 deasg (m) — desk
2 àireamhair (m) — calculator
3 leabhar eacarsaichean (m) — exercise book
4 leabhar teacs (m) — text book
5 faidhle (m) — file
6 pada sgrìobhaidh (f) — writing pad
7 rùilear (m) — ruler
8 cruinne (m) — globe
9 stàpalair (m) — stapler
10 peann (m) — pen
11 peansail (m) — pencil
12 rubair (m) — rubber

At school

Sgoil agus obair

A h-uile seòrsa obair • *All sorts of work*

Tha mòran diofar sheòrsaichean obair ann. Dè an seòrsa obair a tha thu airson a dhèanamh? Dh'fhaodadh gu bheil ùidh agad ann a bhith ag obair le coimpiutairean. No am biodh tu airson a bhith ag obair le beathaichean? Smaoinich air a h-uile seòrsa obair a dh'fhaodadh tu fheuchainn.

There are so many different types of work. What kind of work do you want to do? You may be interested in working with computers. Or would you like to work with animals? Think of all the jobs you could try.

innleadair *(m)*
engineer

ailtire *(m)*
architect

lighiche-sprèidh *(m)*
vet

dràibhear bus *(m)*
bus driver

School and work

All sorts of work

còcaire *(m)*
chef

neach-lagha *(m)*
lawyer

banaltram *(f)*
nurse

neach-naidheachd *(m)*
reporter

oifigear poilis *(m)*
police officer

neach-teagaisg *(m)*
teacher

35

Sgoil agus obair

Uidheam agus aodach obrach • *Work equipment and clothing*

Tha feum aig cuid de dhaoine air uidheam agus aodach sònraichte airson an obair a dhèanamh. Tha feum aig luchd-togail, dàibhearan agus smàladairean air aodach a tha gan cumail sàbhailte. Bidh lannsairean a' cleachdadh aodach a tha a' cumail bhitheagan bho bhith a' sgaoileadh air feadh an àite.

currac *(m)* — cap

masga *(f)* — mask

lannsa *(f)* — scalpel

gùn lannsaireachd *(m)* — surgical gown

clogan rubair *(f)* — rubber clogs

lannsair *(m)* — *surgeon*

snorcal *(f)* — snorkel

masga dàibhidh *(f)* — diving mask

tanca èadhair *(f)* — air tank

toirdse uisge-dìon *(f)* — waterproof torch

crios cuideim *(m)* — weight belt

deise fhliuch *(f)* — wet suit

fliopar *(m)* — flipper

dàibhear *(m)* — *diver*

Uidheam agus aodach obrach

36

School and work

Some people need special equipment and clothing to do their work. Builders, divers, and firefighters wear special clothes to keep themselves safe. Surgeons wear clothing that stops germs spreading.

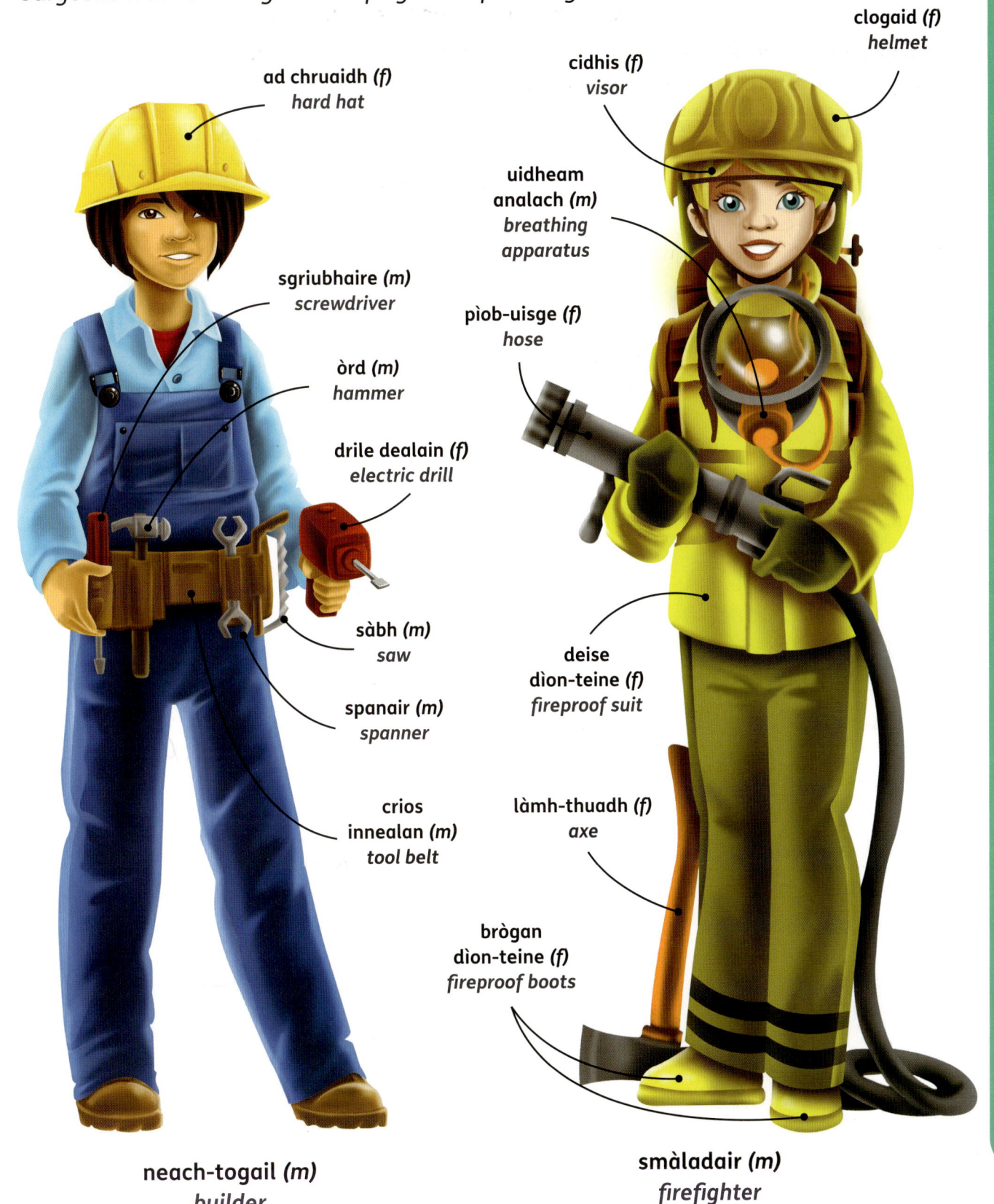

Work equipment and clothing

- **ad chruaidh** (f) — hard hat
- **sgriubhaire** (m) — screwdriver
- **òrd** (m) — hammer
- **drile dealain** (f) — electric drill
- **sàbh** (m) — saw
- **spanair** (m) — spanner
- **crios innealan** (m) — tool belt
- **neach-togail** (m) — builder

- **clogaid** (f) — helmet
- **cidhis** (f) — visor
- **uidheam analach** (m) — breathing apparatus
- **pìob-uisge** (f) — hose
- **deise dìon-teine** (f) — fireproof suit
- **làmh-thuadh** (f) — axe
- **brògan dìon-teine** (f) — fireproof boots
- **smàladair** (m) — firefighter

37

Spòrs agus cur-seachadan

Spòrs • *Sports*

Tha spòrs cudromach – tha e gar cumail fallain. Bidh lùth-chleasaichean proifeiseanta a' trèanadh gu cruaidh airson pàirt a ghabhail anns na farpaisean mòra, mar na Geamannan Oilimpigeach. Tha dà Ghèam Oilimpigeach ann – fear anns a' gheàmhradh agus fear as t-samhradh.

Sport is important, it keeps us fit and is fun. Professional athletes all over the world train hard to compete in top competitions, such as the Olympics. There are two Olympics – one in summer and one in winter.

ball-coise (m)
football

teanas (m)
tennis

ball-beusa (m)
baseball

rugbaidh (m)
rugby

lùth-chleasachd (f sing)
gymnastics

ball-làmhaich (m)
volleyball

boghadaireachd (f)
archery

rothadaireachd (f)
cycling

lùth-chleasachd (f)
athletics

Sport and leisure

Ball-coise (m) • **Football**

rèitire *(m)* • *referee*
sàbhaladh • *to save*
a' cur tadhal • *to score*
tadhal *(m)* • *goal*
breab peanais *(f)* • *penalty*
breab shaor *(f)* • *free kick*
cluicheadair dion *(m)* • *defender*
neach-gleidhidh *(m)* • *goalkeeper*
cluicheadair aghaidh *(m)* • *striker*

ball-basgaid *(m)*
basketball

diùdo *(m)*
judo

criogaid *(m)*
cricket

goilf *(m)*
golf

snàmh *(m)*
swimming

hocaidh deighe *(m)*
ice hockey

Sports

39

Spòrs agus cur-seachadan

Spòrs ann an gnìomh • *Sports in action*

Tha gabhail pàirt ann an spòrs sam bith a' ciallachadh mòran gluasaid! Tha ruith na phàirt de spòrs ach tha tòrr de ghnìomhachdan eile ann cuideachd.

Taking part in any kind of sport means a lot of action! Running is part of many sports but there are many of other activities too.

breab *kick*

buail *hit*

dàibhig *dive*

tilg *throw*

bòbhlaig *bowl*

stob *lunge*

Sport and leisure

Sports in action

glac *catch*

amais air *shoot*

leum *jump*

glaidhd *glide*

spèil *skate*

marcaich *ride*

plubraich *paddle*

Spòrs agus cur-seachadan

Geamannan agus cur-seachadan
Games and leisure

Tha daoine air feadh an t-saoghail air a bhith a' cluich gheamannan airson linntean. Tha eachdraidh mhòr fhada aig tàileasg, iteileag agus aig an iò-iò. Is e innleachd ùr a th' ann an geamannan eileagtronaigeach.

People all over the world have been playing games for centuries. Chess, kites, and yo-yos have a very long history. Electronic games are a recent invention.

1. bòrd-spèilidh *(m)* — skateboard
2. roilearan *(m)* — rollerblades
3. ball-coise *(m)* — football
4. racaid *(f)* — racket
5. gleicean *(m)* — shuttlecock
6. slacan *(m)* — bat
7. iò-iò *(m)* — yo-yo
8. iteileag *(f)* — kite
9. buill làmh-chleasachd *(m)* — juggling balls
10. bòrd-tàileisg *(m)* — chessboard
11. fear-tàileisg *(m)* — chess pieces
12. cluasanan *(m)* — earphones
13. mìrean-measgaichte *(f pl)* — jigsaw puzzle
14. gèam bùird *(m)* — board game
15. iris *(f)* — magazine
16. nobhail *(f)* — novel
17. clàr DVD *(m)* — DVD
18. cluicheadair ciùil *(m)* — music player
19. consoil gheamannan *(f)* — games console
20. modal *(m)* — model

Sport and leisure

Games and leisure

Ealain, ceòl agus dibhearsain

Ealain • *Art*

Is e ealain a th' ann nuair a bhios daoine a' cruthachadh dhealbhan no mhodailean de nithean a chì iad mun cuairt orra, no bhon mhac-meanmainn aca fhèin. Faodaidh sinn peant, camara, crèadh no fiù màrmor a chleachdadh airson ealain a chruthachadh. Chì thu obair luchd-ealain ainmeil ann an gailearaidhean air feadh an t-saoghail.

People create art by observing what they see around them, or by using their imagination. We can use paints, cameras, clay, or even marble to create art. You can see the work of famous artists in galleries around the world.

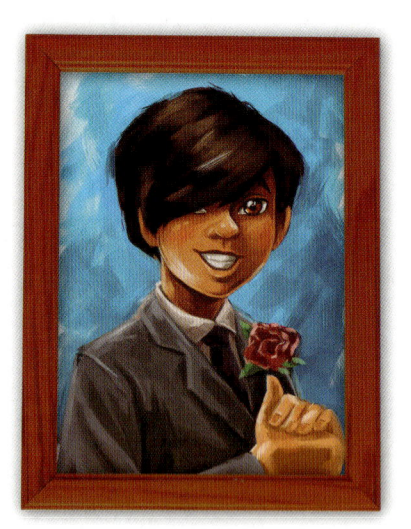

dealbh *(f)*
portrait

sgeidse *(f)*
sketch

dealbh-camara *(f)*
photograph

dealbh neo-bheò *(f)*
still life

dealbh-tìre dath-uisge *(f)*
watercolour landscape

cartùn *(m)*
cartoon

Art, music, and entertainment

Uidheam neach-ealain (f) • Artist's equipment

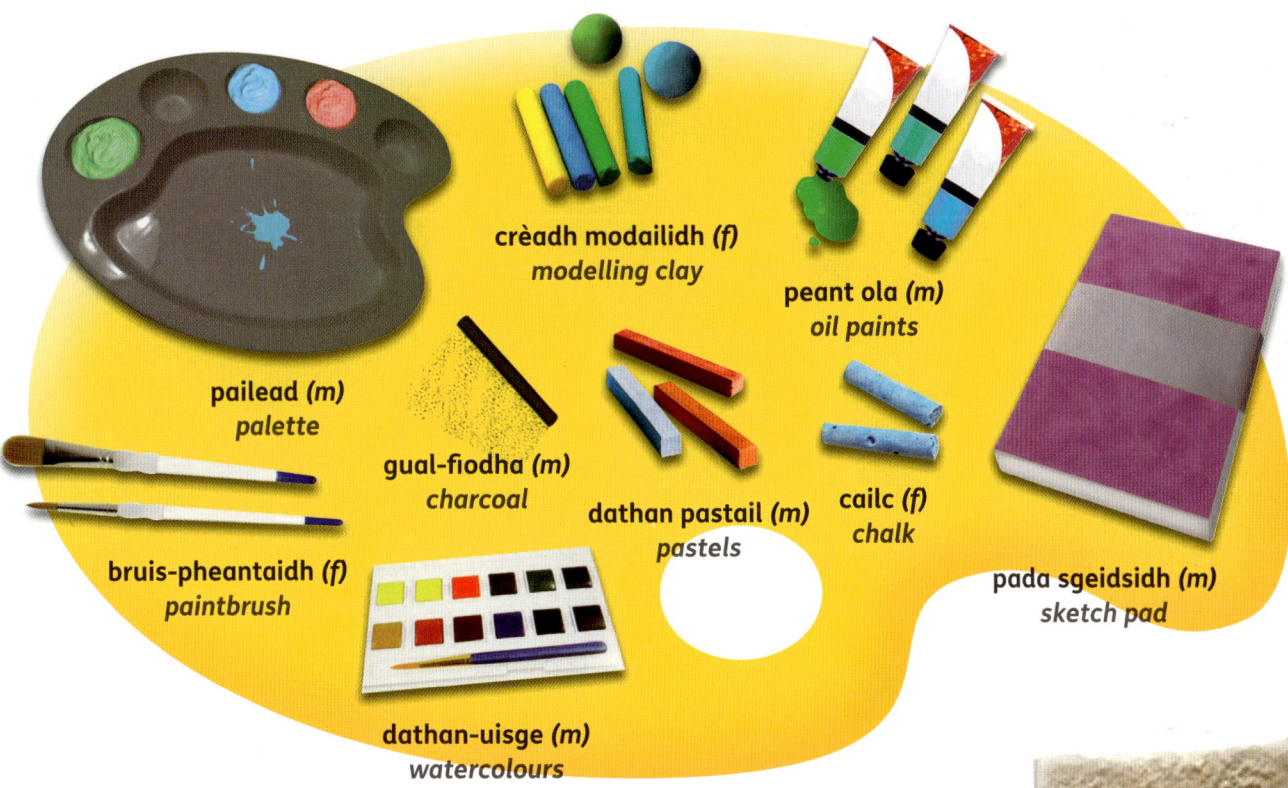

crèadh modailidh (f)
modelling clay

peant ola (m)
oil paints

pailead (m)
palette

gual-fiodha (m)
charcoal

dathan pastail (m)
pastels

cailc (f)
chalk

pada sgeidsidh (m)
sketch pad

bruis-pheantaidh (f)
paintbrush

dathan-uisge (m)
watercolours

glainne dhathte (f)
stained glass

grèis-bhrat (m)
tapestry

graifitidh (m)
graffiti

snaigheadh (m)
sculpture

Art

45

Ealain, ceòl agus dibhearsain

Innealan ciùil • *Musical instruments*

Tha ceithir diofar sheòrsaichean de dh'innealan ciùil ann. Tha teudan air ionsramaidean airson an spìonadh no airson cluich orra le bogha. Tha innealan analach gan cluich le bhith a' sèideadh tromhpa. Bithear a' bualadh ionnsramaidean faraim airson fuaim a dhèanamh.

There are four main types of musical instrument. Stringed instruments have strings to pluck or play with a bow. Keyboard instruments have keys to press. Wind instruments are played by blowing air through them. Percussion instruments are banged to make noise.

Ionnsramaidean analach *(f)*
Wind instruments

trombaid *(f)*
trumpet

pìoban-pana *(f)*
panpipes

duiseal *(f)*
flute

clàirneid *(f)*
clarinet

sagsafòn *(m)*
saxophone

Ionnsramaidean meur-chlàr *(f)*
Keyboard instruments

co-thàthadair *(m)*
synthesizer

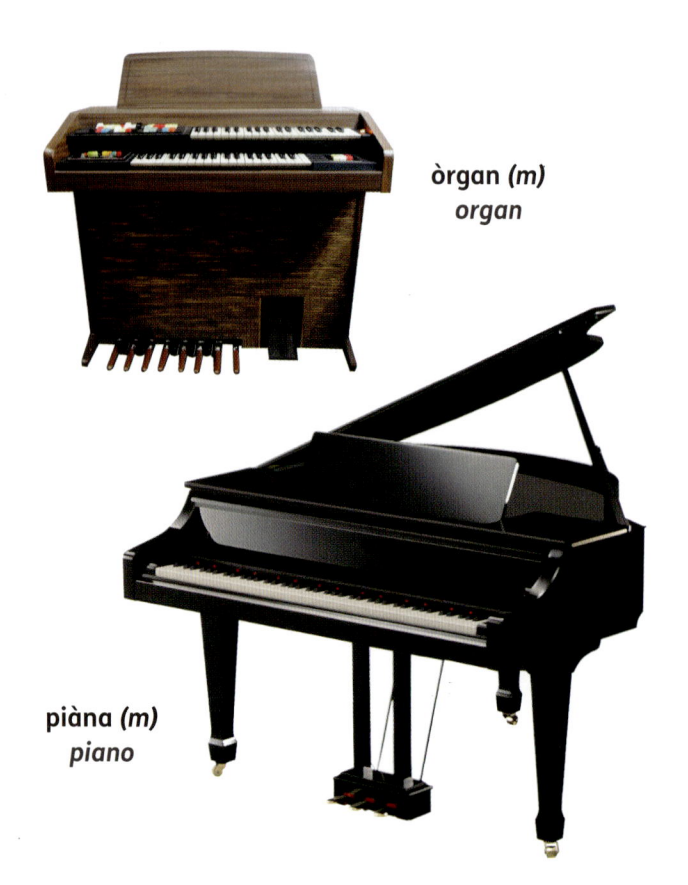

òrgan *(m)*
organ

piàna *(m)*
piano

Art, music, and entertainment

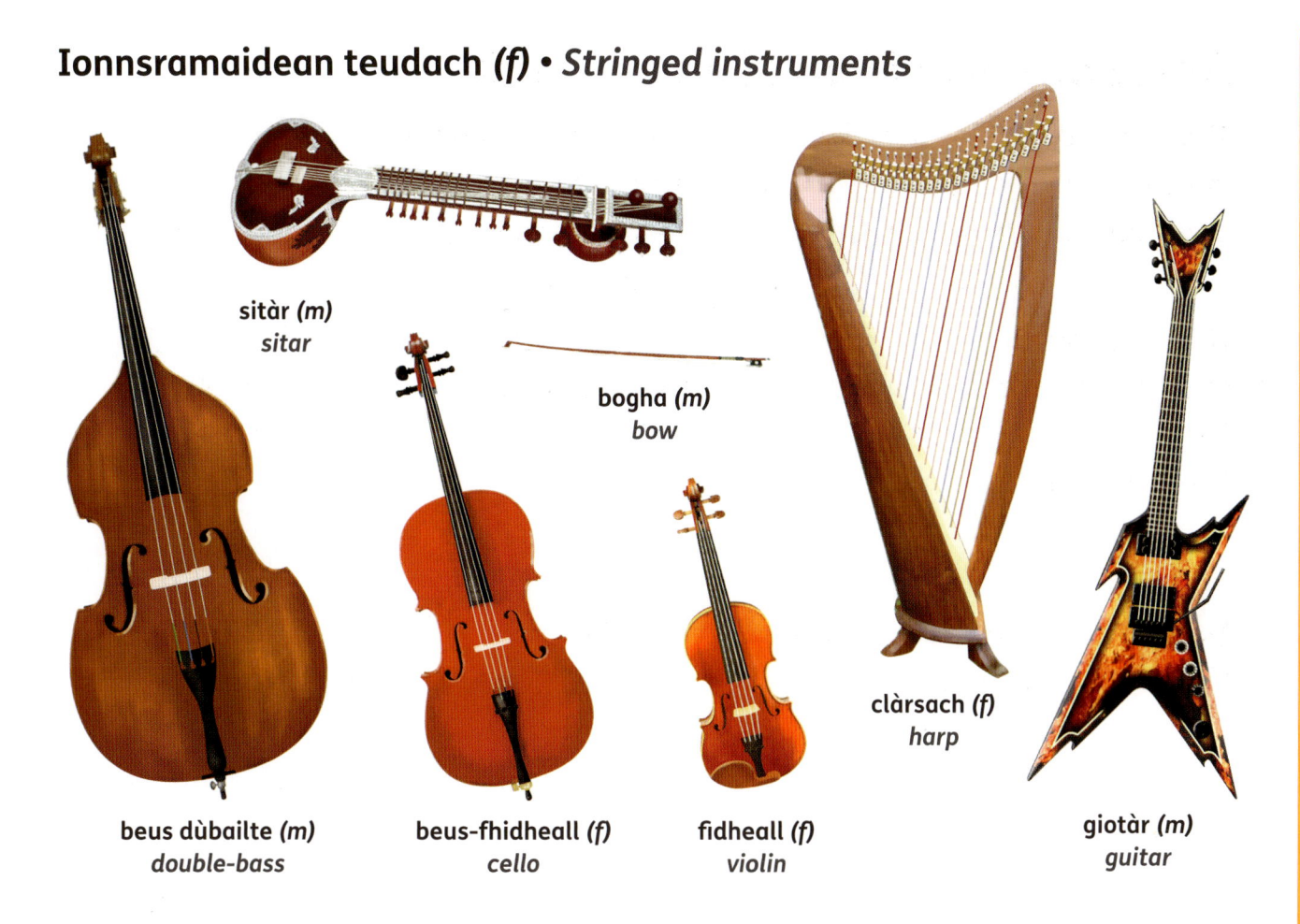

Musical instruments

Ionnsramaidean teudach (f) • Stringed instruments

sitàr (m)
sitar

bogha (m)
bow

clàrsach (f)
harp

beus dùbailte (m)
double-bass

beus-fhidheall (f)
cello

fidheall (f)
violin

giotàr (m)
guitar

Ionnsramaidean faraim (f)
Percussion instruments

maracathan (m)
maracas

tambairin (m)
tambourine

tiompanan (m)
cymbals

drumaichean (f)
drums

drumaichean-làimhe (f)
tabla

Ealain, ceòl agus dibhearsain

Ceòl is dannsa • *Music and dance*

Tha meas mòr aig daoine air feadh an t-saoghail air a bhith a' cruthachadh ceòl is dannsa de gach seòrsa. Faodaidh ceòl a bhith air a chluich le orcastra mòr, le còmhlan-ciùil beag no le aon neach. Faodaidh tu dannsa leat fhèin, le companach no ann am buidheann.

People around the world love to create different types of music and dance. Music can be played by a large orchestra, by a small band, or by a solo performer. You can dance alone, with a partner, or in a group.

clasaigeach
classical

roc (m)
rock

ceòl pop (m)
pop

diàs (m)
jazz

tuath-cheòl (m)
folk

Art, music, and entertainment

Music and dance

ceòl reigidh *(m)*
reggae

ceòl rap *(m)*
rap

ceòl anaim *(m)*
soul

ceòl cruinne *(m)*
world music

Dannsa *(m)* • Dance

dannsa tap *(m)*
tap dancing

bris-dannsa *(m)*
breakdancing

dannsa-bàil *(m)*
ballroom dancing

bailidh *(f)*
ballet

Ealain, ceòl agus dibhearsain

TBh, fiolm agus theatar
TV, film, and theatre

Nuair a thathar ag obair air prògram airson telebhisean, airson taigh-dhealbh no taigh-cluiche, tha e cudromach a bhith ag obair mar sgioba. Tha feum aig prògram tàlaint a tha ga fhiolmadh ann an taigh-cluiche air tòrr dhaoine agus uidheam.

Teamwork is important when a show is being made for television, cinema, or the theatre. A lot of people and equipment are needed to film a live event, such as a talent show in a theatre.

1 neach-camara *(m)* — camera operator
2 innleadair fuaim *(m)* — sound engineer
3 stiùiriche *(m)* — director
4 camara *(m)* — camera
5 àrd-ùrlar *(m)* — stage
6 solas *(m)* — spotlight
7 maicreafòn *(m)* — microphone
8 seinneadair *(m)* — singer
9 dannsair *(m)* — dancer
10 cleasaiche *(m)* — actor
11 culaidh *(f)* — costume
12 sealladh *(m)* — scenery
13 manaidsear stèidse *(m)* — stage manager
14 sgrion *(m)* — monitor screen
15 bòrd-clapaidh *(m)* — clapperboard
16 cùirtearan *(m)* — curtains
17 riochdaire *(m)* — producer
18 luchd-èisteachd *(m)* — audience

Art, music, and entertainment

TV, film, and theatre

Ealain, ceòl agus dibhearsain

Prògraman TBh agus fiolmaichean • *TV shows and films*

Dè an seòrsa fiolmaichean is prògraman TBh as toil leat? Bidh cuid de phrògraman agus fiolmaichean a' sealltainn thachartasan a tha fìor. Tha feadhainn eile mac-meanmainneach agus bidh daoine gan coimhead airson gàire a thoirt orra, airson a bhith dàna no airson teicheadh do shaoghal eile.

What kind of films and TV shows do you like? Do you prefer comedies or films that make you think? Some films and TV programmes show real events. Others show imaginary situations.

prògram oillte *(m)*
horror

ficsean saidheans *(m)* is sgeul-mhìorbhail *(f)*
science fiction and fantasy

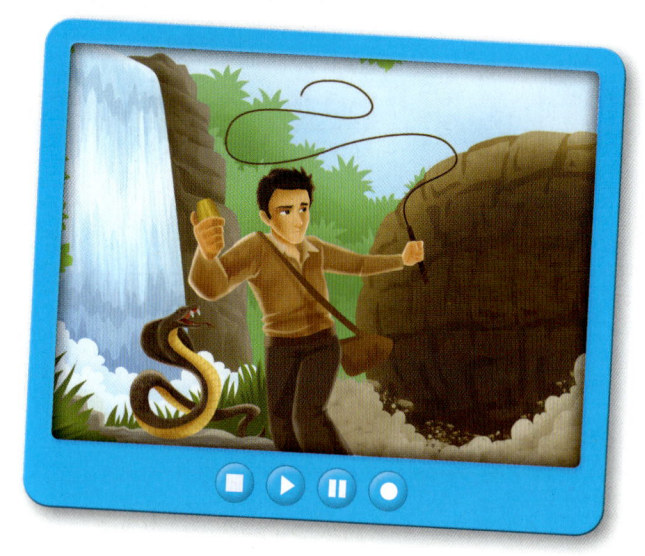

gnìomh *(m)* is dànachd *(f)*
action and adventure

comadaidh *(m)*
comedy

Art, music, and entertainment

cartùn *(m)*
cartoon

prògram naidheachdan *(m)*
news programme

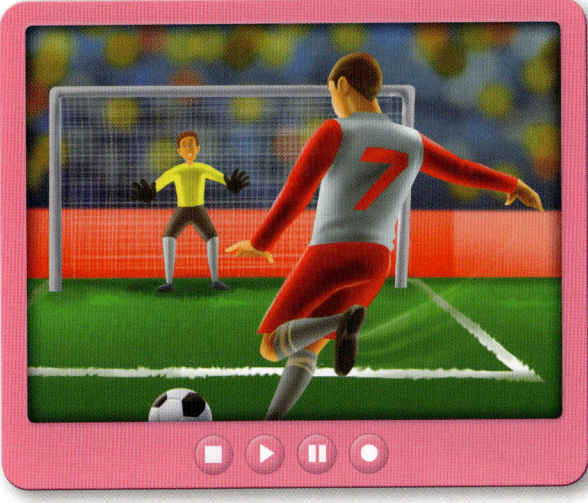

prògram spòrs *(m)*
sports programme

prògram còmhraidh *(m)*
talk show

aithriseachd nàdair *(f)*
nature documentary

prògram chleasan *(m)*
game show

TV shows and films

Siubhal agus còmhdhail

Carbadan luchd-siubhail • *Passenger vehicles*

Tha mòran dhòighean ann air am faod thu siubhal. Faodaidh tu a dhol air carbadan poblach, no faodaidh tu do charbad fhèin a chleachdadh, mar rothair no càr. Tha càraichean agus carbadan eile a' ruith air peatrail no dìosail.

There are many ways to travel. You can go by public transport, such as the train, bus, or tube, or you can use your own vehicle, such as a bicycle or a car.

Pàirtean chàraichean • *Parts of a car*

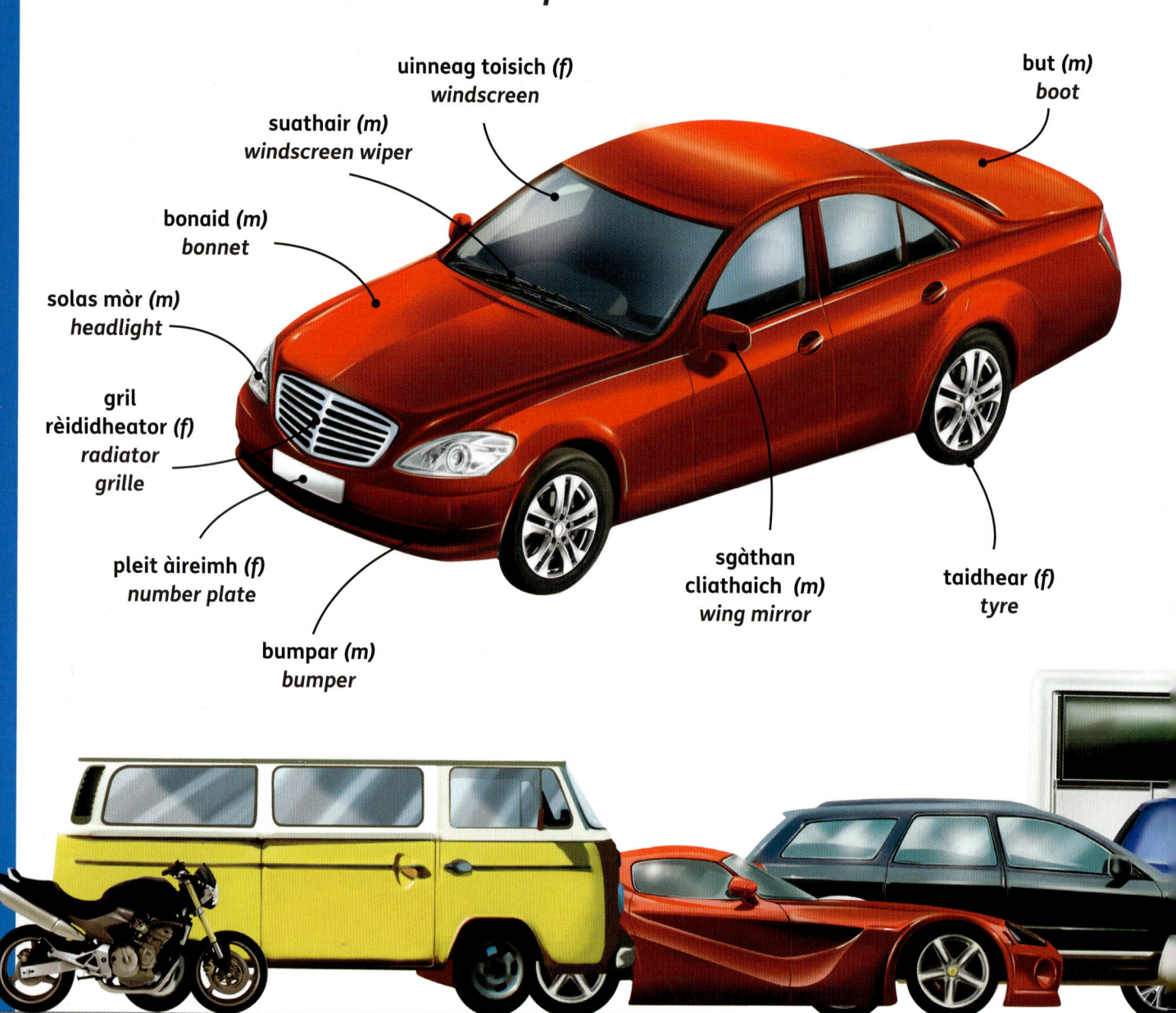

- uinneag toisich (f) — *windscreen*
- but (m) — *boot*
- suathair (m) — *windscreen wiper*
- bonaid (m) — *bonnet*
- solas mòr (m) — *headlight*
- gril rèididheator (f) — *radiator grille*
- pleit àireimh (f) — *number plate*
- bumpar (m) — *bumper*
- sgàthan cliathaich (m) — *wing mirror*
- taidhear (f) — *tyre*

- motair-rothair (m) — *motorbike*
- bhana-campachaidh (f) — *campervan*
- càr-spòrs (m) — *sports car*
- càr-oighreachd (m) — *estate car*

Travel and transport

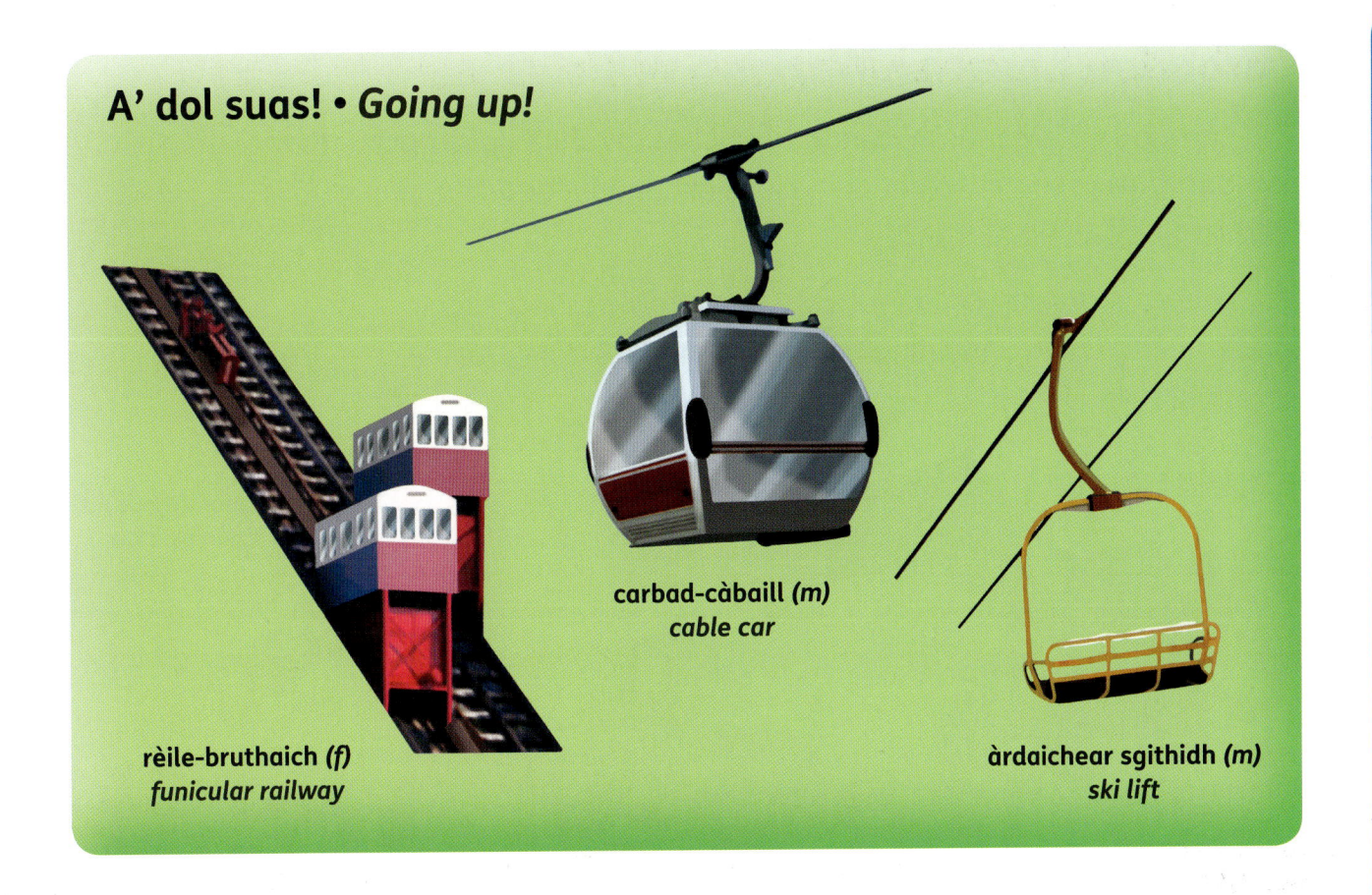

Passenger vehicles

A' dol suas! • *Going up!*

carbad-càbaill *(m)*
cable car

rèile-bruthaich *(f)*
funicular railway

àrdaichear sgithidh *(m)*
ski lift

trèana *(f)* • *train*

coidse *(f)*
coach

carbad-spòrs uidheamaichte
SUV

rothair-cumhachd *(m)*
moped

tacsaidh *(f)*
taxi

rothair *(m)*
bicycle

55

Siubhal agus còmhdhail

Carbadan obrach • *Working vehicles*

Tha carbadan a' dèanamh mòran obraichean a tha cudromach – mar giùlain luchdan troma, togail, roiligeadh, cladhach, buain agus fiù giùlain soithichean-fànais.

Vehicles do many important jobs, such as transporting heavy loads, lifting, rolling, and digging. Emergency vehicles provide essential help.

luchdair cladhaich *(m)*
backhoe loader

roilear *(m)*
roller

toglaiche àirde *(m)*
cherry picker

truga forca *(f)*
forklift truck

ruamhair *(m)*
excavator

tarbh-chrann *(m)*
bulldozer

truga dumpair *(f)*
dumper truck

crann *(m)*
crane

Travel and transport

Working vehicles

carbad-eiridinn *(m)*
ambulance

einnsean smàlaidh *(f)*
fire engine

carbad muir-thìreach *(m)*
amphibious vehicle

carbad-sneachda *(f)*
snowmobile

bhana liubhairt *(f)*
delivery van

carbad poilis *(m)*
police car

làraidh tasgain *(f)*
skip truck

crann sneachda *(m)*
snow plough

giùlanair charbadan *(m)*
car transporter

truga measgachaidh *(f)*
mixer truck

carbad trom-bhathar *(m)*
heavy goods vehicle

57

Siubhal agus còmhdhail

Carbadan adhair • *Aircraft*

Tha carbadan adhair air an cur a dhol le einnseanan diet, le proipeilearan no le liaghan cuairteachaidh. Bidh bailiùn le èadhair theth ag èirigh suas a chionn 's gu bheil an èadhar na bhroinn nas aotroma na an èadhar mun cuairt air. Bidh plèanaichean-seòlaidh a' siubhal tron adhar air sruthan de dh'èadhar ris an canar tearmachain.

Aircraft are powered by jet engines, by propellers, or by rotor blades. A hot air balloon rises up because the air inside its envelope is lighter than the surrounding air. Gliders ride on currents of air, called thermals.

heileacoptair *(m)*
helicopter

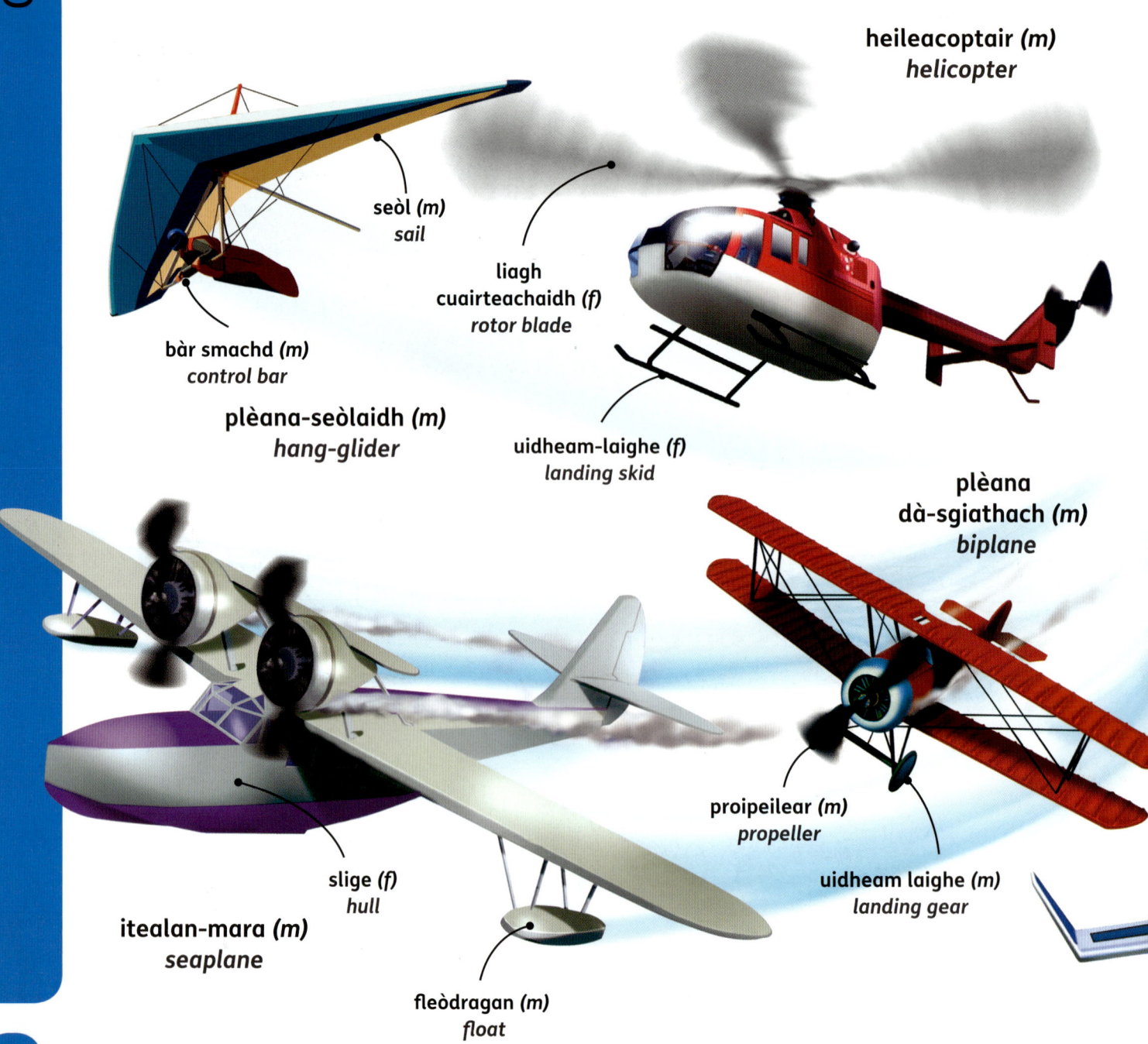

seòl *(m)*
sail

liagh cuairteachaidh *(f)*
rotor blade

bàr smachd *(m)*
control bar

plèana-seòlaidh *(m)*
hang-glider

uidheam-laighe *(f)*
landing skid

plèana dà-sgiathach *(m)*
biplane

proipeilear *(m)*
propeller

uidheam laighe *(m)*
landing gear

slige *(f)*
hull

itealan-mara *(m)*
seaplane

fleòdragan *(m)*
float

Carbadan adhair

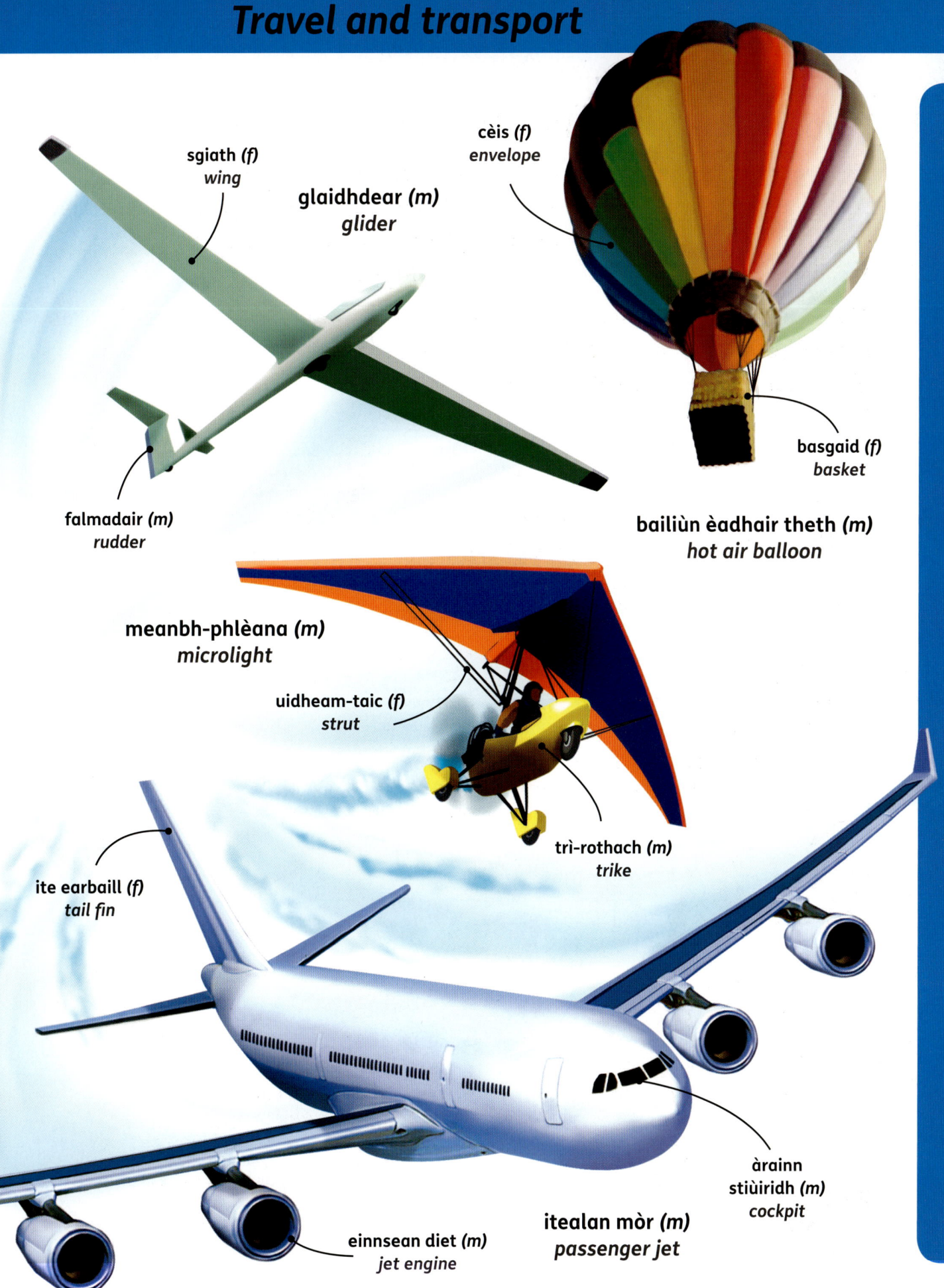

Travel and transport

Aircraft

sgiath *(f)*
wing

glaidhdear *(m)*
glider

cèis *(f)*
envelope

basgaid *(f)*
basket

falmadair *(m)*
rudder

bailiùn èadhair theth *(m)*
hot air balloon

meanbh-phlèana *(m)*
microlight

uidheam-taic *(f)*
strut

trì-rothach *(m)*
trike

ite earbaill *(f)*
tail fin

àrainn stiùiridh *(m)*
cockpit

einnsean diet *(m)*
jet engine

itealan mòr *(m)*
passenger jet

59

Siubhal agus còmhdhail

Soithichean, bàtaichean is eathraichean eile
Ships, boats, and other craft

San latha an-diugh, tha einnsean anns a' chuid mhòr de shoithichean is de bhàtaichean mòra. Feumaidh soithichean seòlaidh cumhachd bhon ghaoith. Tha seata de ràimh air bàta iomraidh agus tha pleadhag air curachan.

Today, most large ships and boats have some kind of engine. Sailing boats rely on wind power. A rowing boat has a set of oars, and a canoe has a paddle.

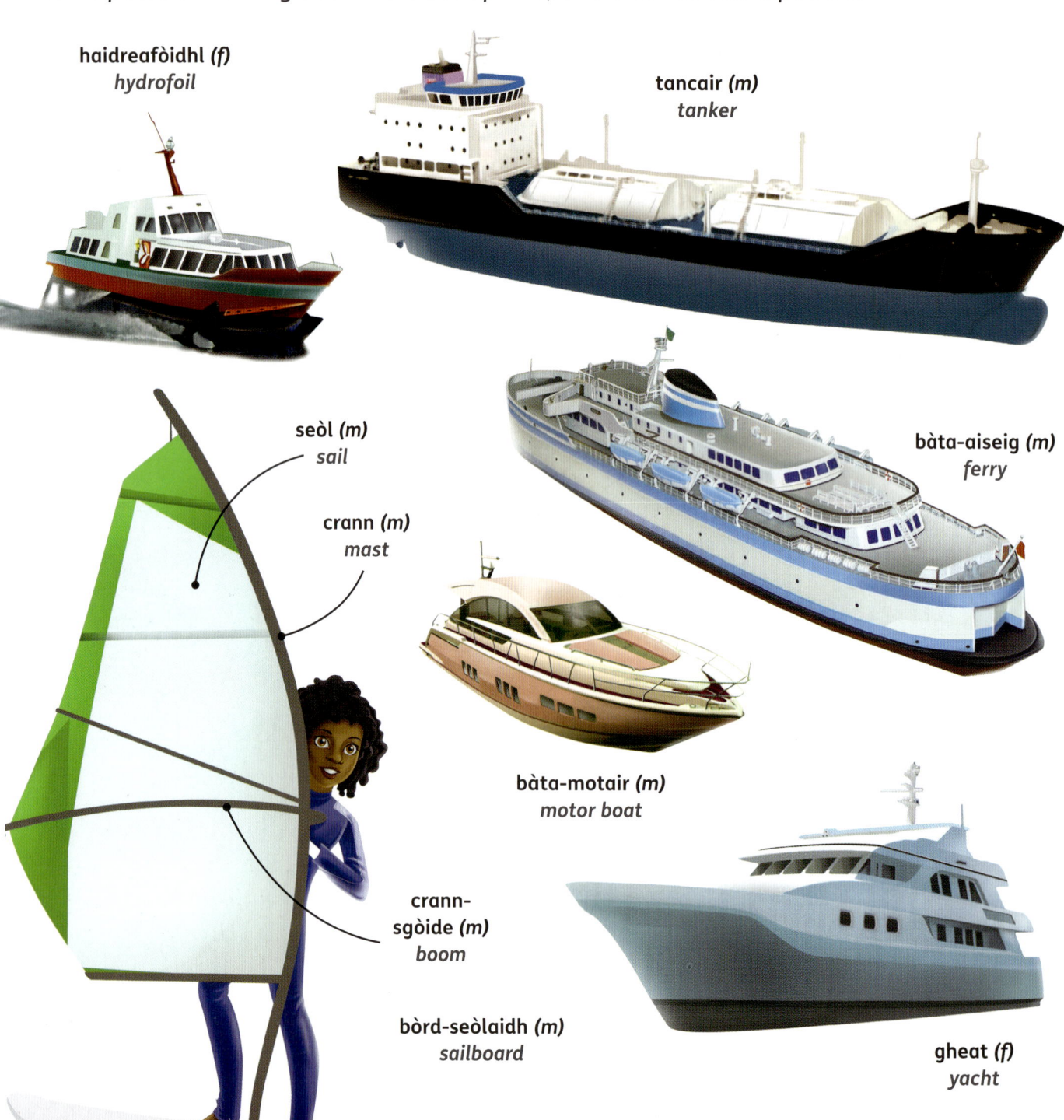

haidreafòidhl (f)
hydrofoil

tancair (m)
tanker

seòl (m)
sail

crann (m)
mast

bàta-aiseig (m)
ferry

bàta-motair (m)
motor boat

crann-sgòide (m)
boom

bòrd-seòlaidh (m)
sailboard

gheat (f)
yacht

60

Travel and transport

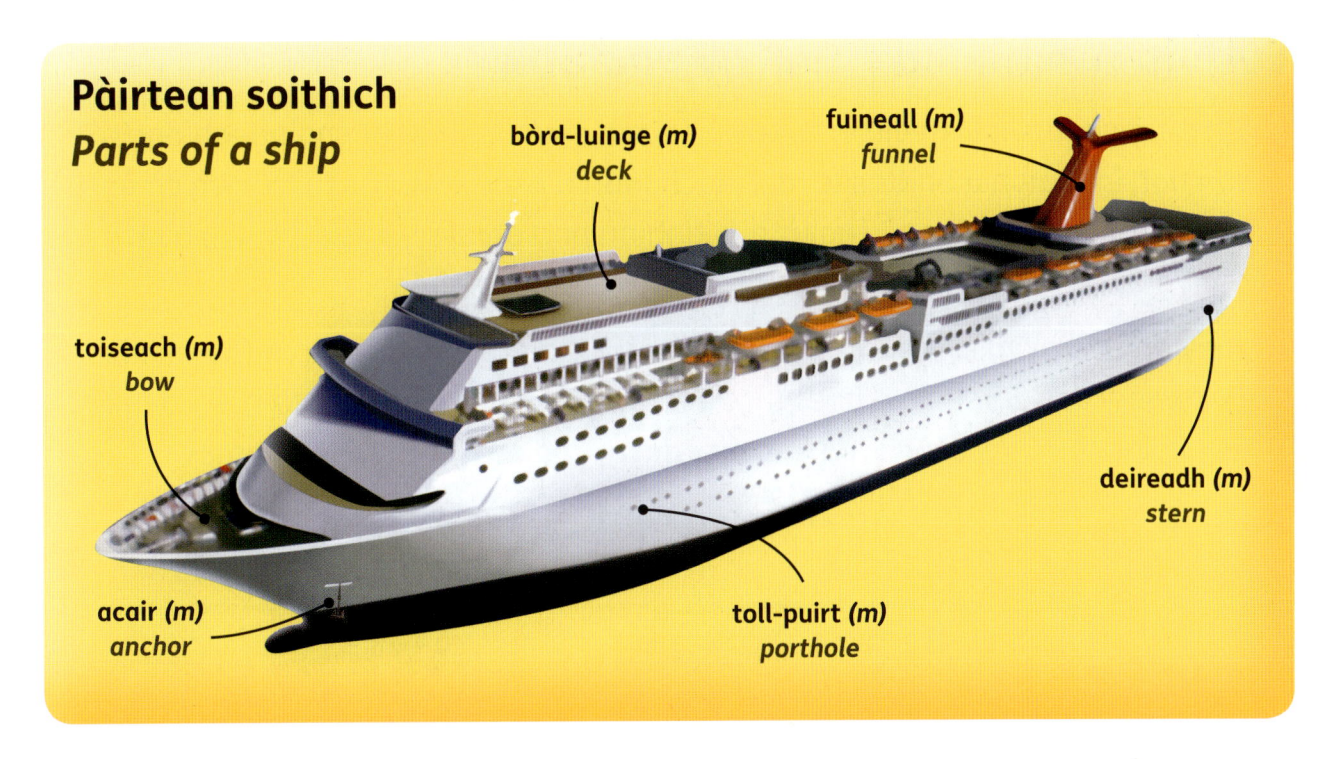

Pàirtean soithich
Parts of a ship

- toiseach (m) — bow
- bòrd-luinge (m) — deck
- fuineall (m) — funnel
- deireadh (m) — stern
- toll-puirt (m) — porthole
- acair (m) — anchor

bàta iomraidh (m) — rowing boat

geòla bheag (f) — sailing dinghy

curachan (m) — canoe

catamaran (m) — catamaran

bàta-seòlaidh Arabach (m) — dhow

bàta-foluaimein (m) — hovercraft

Ships, boats, and other craft

61

Saidheans agus teicneòlas

Lùth is cumhachd • *Energy and power*

Tha feum againn air lùth airson solas is teas a chumail ri ar dachaighean agus airson nan innealan a bhios sinn a' cleachdadh a h-uile latha a ruith. Ach cò às a tha an lùth sin a' tighinn? Tha lùth a' tighinn bho dhiofar thùsan. Tha e air a thionndadh gu dealan agus air a liubhairt do ar dachaighean.

We rely on energy to supply our homes with light and heat and to run the machines we use every day. But where does that energy come from? Energy comes from a range of sources. It is converted into electricity and delivered to our homes.

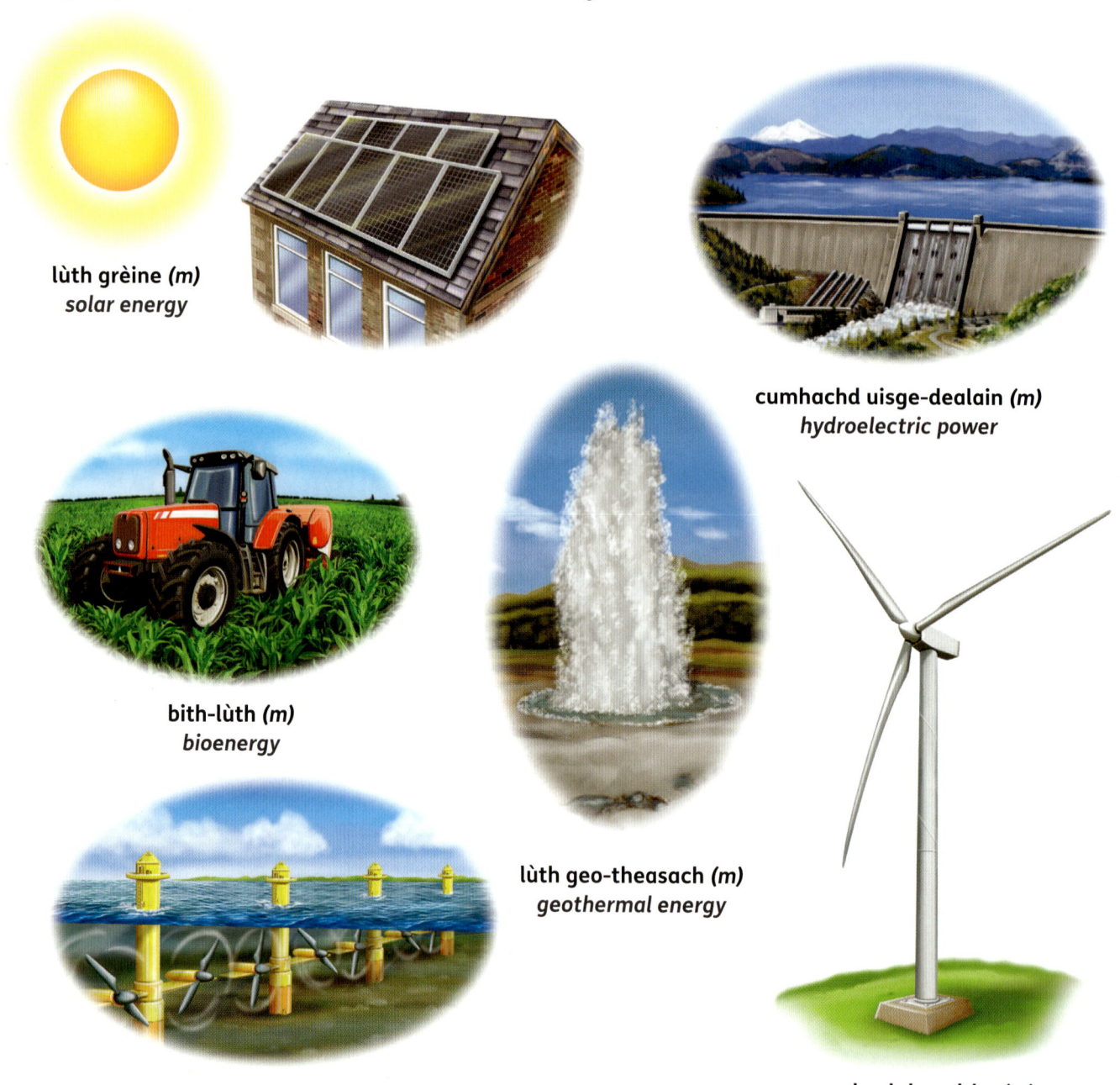

lùth grèine *(m)*
solar energy

cumhachd uisge-dealain *(m)*
hydroelectric power

bith-lùth *(m)*
bioenergy

lùth geo-theasach *(m)*
geothermal energy

lùth làin-mhara *(m)*
tidal energy

cumhachd gaoithe *(m)*
wind power

Science and technology

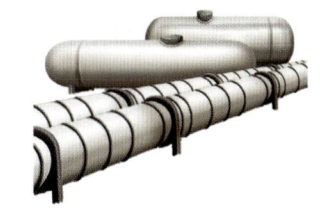

Energy and power

ola *(f)*
oil

gual *(m)*
coal

gas nàdarrach *(m)*
natural gas

cumhachd niùclasach *(m)*
nuclear energy

Cuairt-dealain *(f)* • Electrical circuit symbols

Tha dealan a' ruith tro chuairt-dealain. Tha grunn phìosan no phàirtean ann an cuairt-dealain, mar suidse, uèir agus bolgan solais. Faodaidh sinn cuairtean dealain a shealltainn mar diagraman. Tha comharran air na cuairtean dealain airson gach pìos no gach pàirt.

Electricity runs through a circuit. The circuit includes several components or parts, such as a switch, a wire, and a light bulb. Electrical circuits can be shown as diagrams. Circuit diagrams have symbols to represent each component.

diagram cuairt-dealain *(m)*
circuit diagram

bataraidh *(f)*
battery

uèir *(f)*
wire

bolgan *(m)*
bulb

srannadair *(m)*
buzzer

motair *(m)*
motor

suidse (dheth) *(f)*
switch (off)

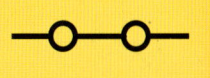

suidse (air) *(f)*
switch (on)

63

Saidheans agus teicneòlas

A h-uile seòrsa stuth • *All kinds of materials*

Tha stuthan glè eadar-dhealaichte. Faodaidh iad a bhith trom no aotrom, sùbailte no rag. Tha beagan dhe na stuthan magnaiteach (comasach air nithean air an dèanamh à iarann a tharraing thuca). Tha cuid dhe na stuthan math air giùlain agus tha iad a' toirt cead do shruthan dealain a dhol tromhpa. Tha cuid eile a tha a' cur stad air sruthan dealain.

Materials have different properties. They may be heavy or light, flexible or rigid. A few materials are magnetic (able to attract objects made of iron). Some materials are good conductors and allow an electric current to pass through them. Others are insulators and block electric currents.

| **glainne (f)** | **leathar (m)** | **pàipear (m)** | **plastaig (m)** | **rubair (m)** |
| *glass* | *leather* | *paper* | *plastic* | *rubber* |

| **pòrsalan (m)** | **fiodh (m)** | **cèir (m)** | **clòimh (m)** | **cotan (m)** |
| *china* | *wood* | *wax* | *wool* | *cotton* |

64

Science and technology

Gnèithean stuthan
Properties of materials

cruaidh • hard
bog • soft
trìd-shoilleireachd • transparent
doilleir • opaque
garbh • rough
gleansach • shiny
rèidh • smooth

magnaiteach • magnetic
dorch • dull
dìonach • waterproof
sùigheach • absorbent

All kinds of materials

òr (m)
gold

airgead (m)
silver

umha (m)
bronze

clach (f)
stone

pràis (m)
brass

iarann (m)
iron

stàilinn (f)
steel

copar (m)
copper

65

Saidheans agus teicneòlas

Togalaichean agus structaran • *Buildings and structures*

Feumaidh togalaichean agus structaran a bhith glè làidir. Faodaidh iad a bhith air an togail le diofar sheòrsaichean stuth. Is dòcha gun cleachd neach-togail clach, fiodh, breigichean, concrait, stàilinn no glainne – no measgachadh de na stuthan sin.

Buildings and structures need to be very strong. They can be constructed from a wide range of materials. Builders may use stone, wood, bricks, concrete, steel, or glass, or a combination of these materials.

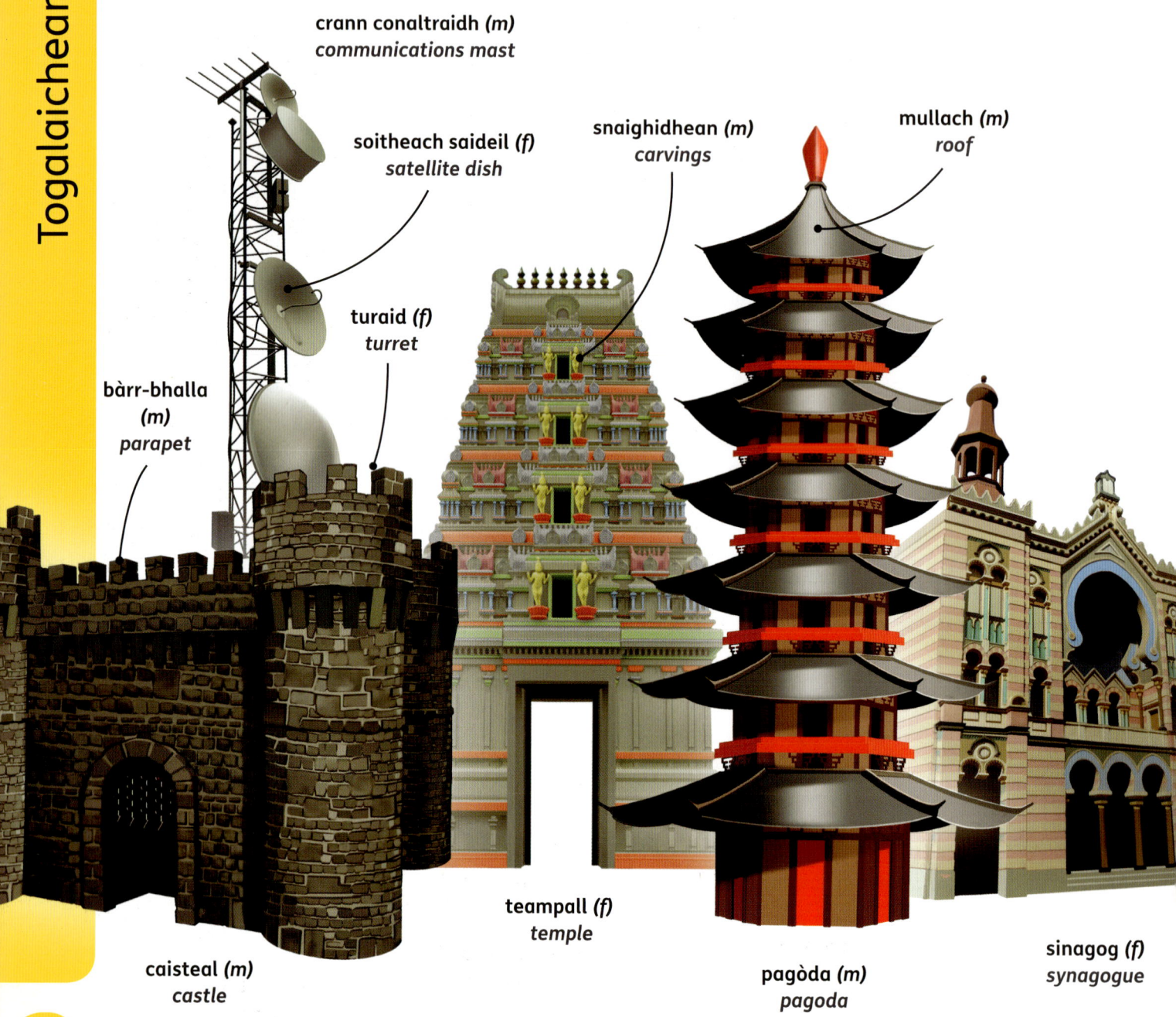

crann conaltraidh *(m)*
communications mast

soitheach saideil *(f)*
satellite dish

snaighidhean *(m)*
carvings

mullach *(m)*
roof

turaid *(f)*
turret

bàrr-bhalla *(m)*
parapet

caisteal *(m)*
castle

teampall *(f)*
temple

pagòda *(m)*
pagoda

sinagog *(f)*
synagogue

66

Science and technology

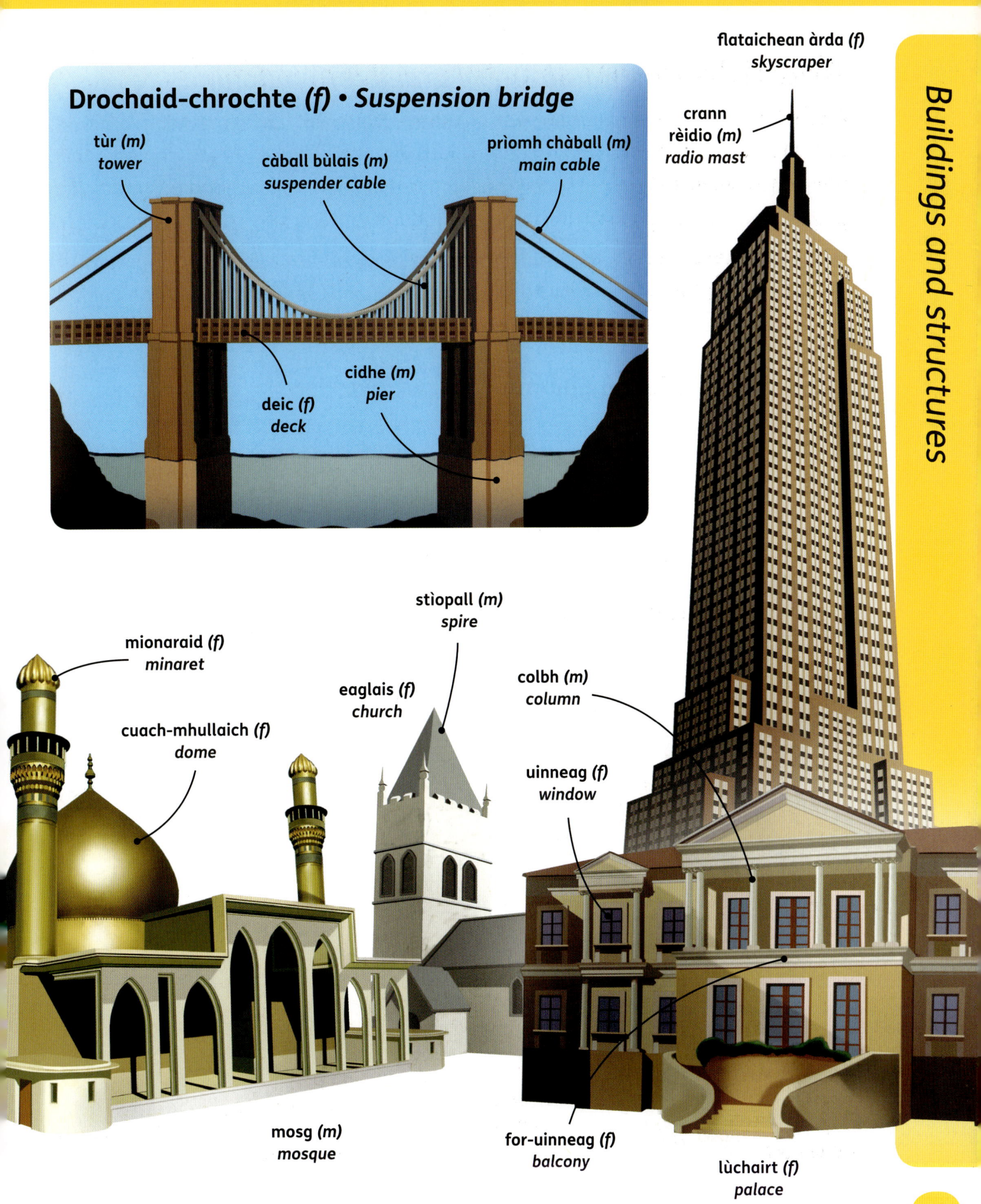

Drochaid-chrochte (f) • Suspension bridge

- tùr (m) — tower
- càball bùlais (m) — suspender cable
- prìomh chàball (m) — main cable
- deic (f) — deck
- cidhe (m) — pier

Buildings and structures

- flataichean àrda (f) — skyscraper
- crann rèidio (m) — radio mast
- mionaraid (f) — minaret
- cuach-mhullaich (f) — dome
- stìopall (m) — spire
- eaglais (f) — church
- colbh (m) — column
- uinneag (f) — window
- mosg (m) — mosque
- for-uinneag (f) — balcony
- lùchairt (f) — palace

67

Saidheans agus teicneòlas

Cumhachdan is innealan • *Forces and machines*

Is e cumhachd a th' ann an slaodadh is putadh a bhios a' toirt air rudeigin gluasad no a' toirt air stad. Tha ruathar a' cumail nithean a' gluasad an dèidh dhaibh a bhith air am putadh no air an slaodadh. Tha suathadh ag obair air nithean gus am bi iad a' stad. Tha cumhachd iom-tharraing a' slaodadh nithean sìos chun na talmhainn.

Forces are pushes or pulls that make an object move or make it stop. Momentum keeps objects moving after they have been pushed or pulled. Friction acts on objects to make them stop moving. The force of gravity pulls objects down towards the Earth.

Cumhachdan ann an gnìomh • *Forces in action*

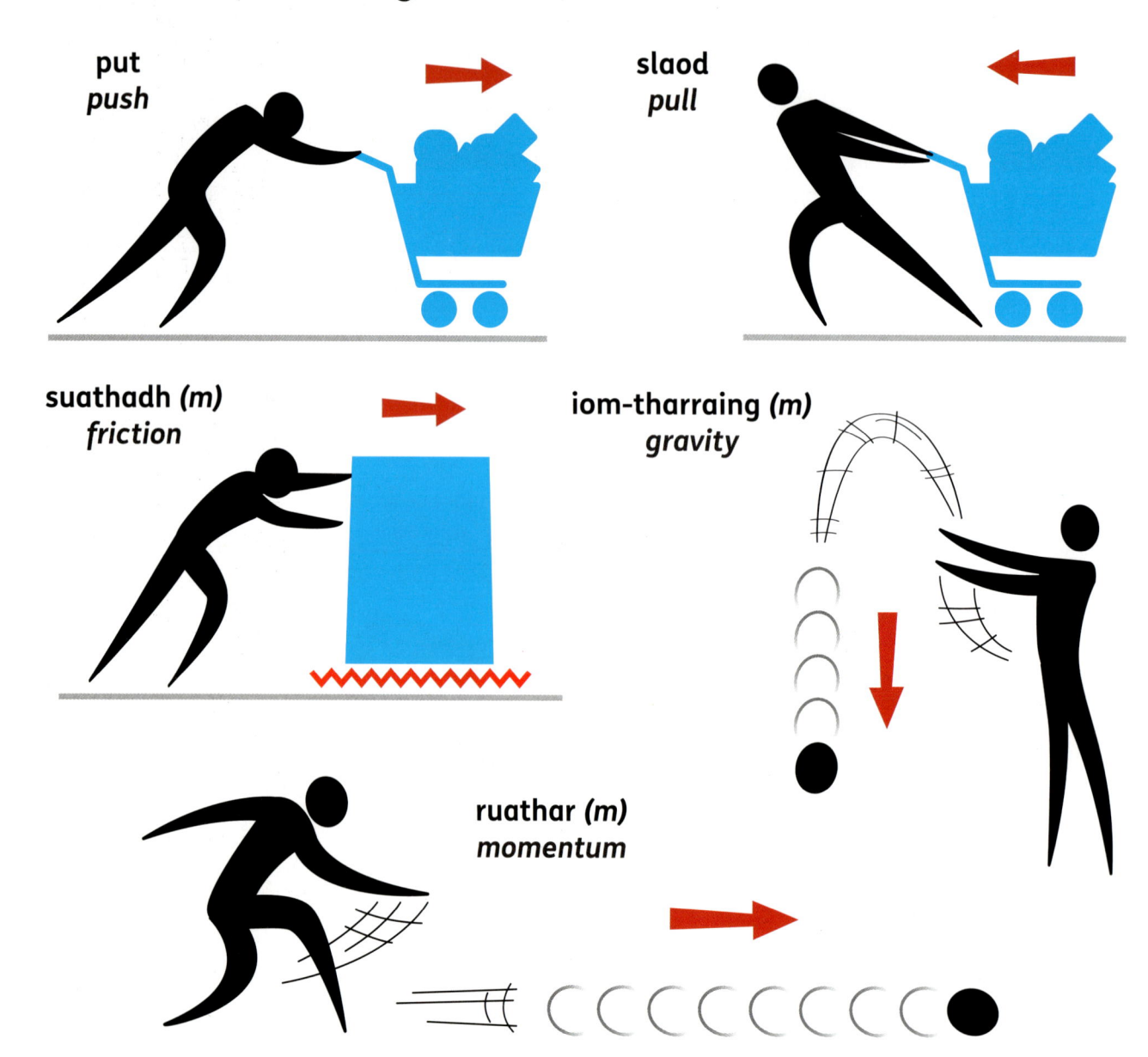

put
push

slaod
pull

suathadh (m)
friction

iom-tharraing (m)
gravity

ruathar (m)
momentum

Science and technology

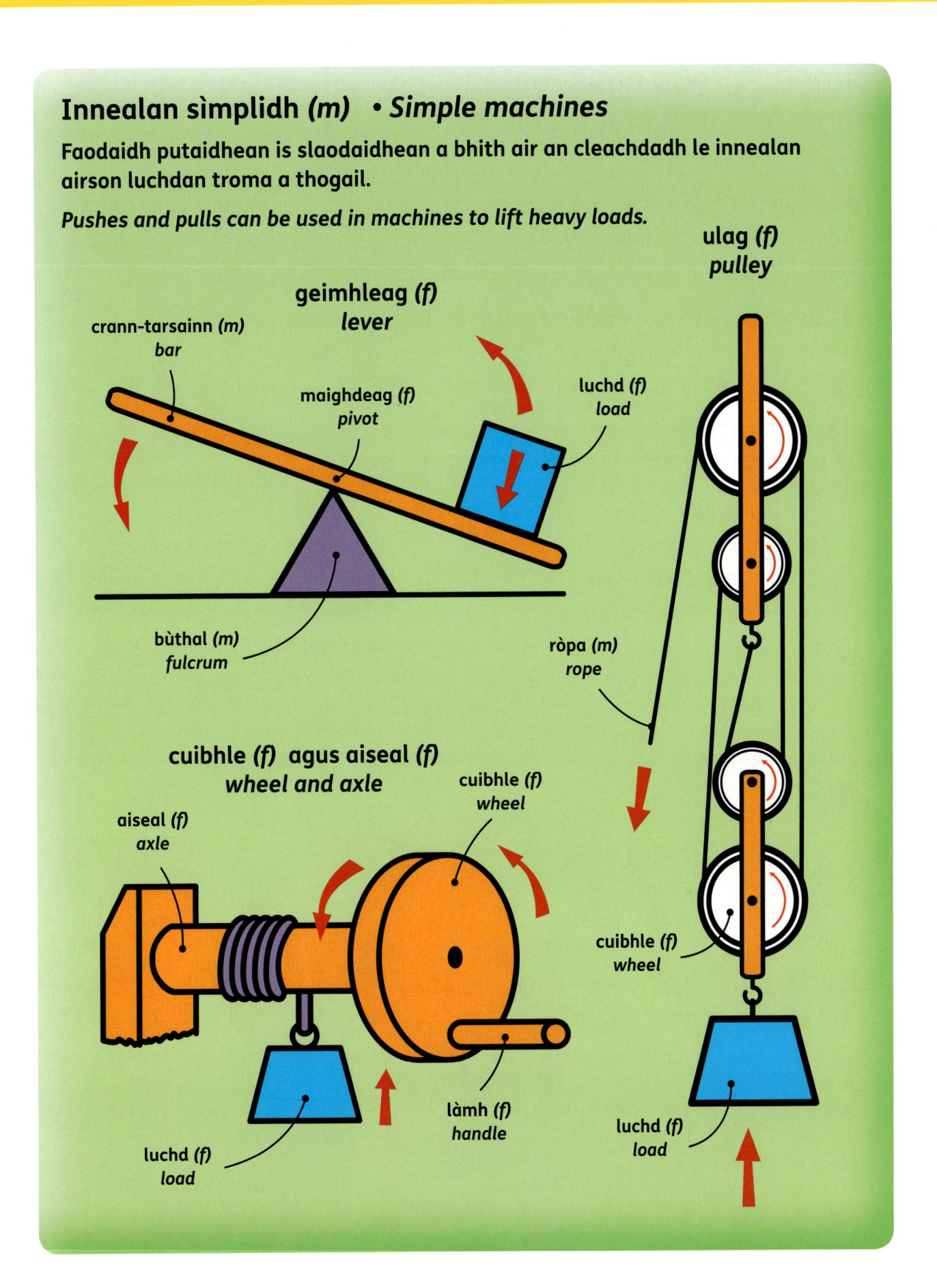

Innealan sìmplidh (m) • Simple machines

Faodaidh putaidhean is slaodaidhean a bhith air an cleachdadh le innealan airson luchdan troma a thogail.

Pushes and pulls can be used in machines to lift heavy loads.

geimhleag (f) / *lever*

crann-tarsainn (m) / bar

maighdeag (f) / pivot

luchd (f) / load

bùthal (m) / fulcrum

ulag (f) / *pulley*

ròpa (m) / rope

cuibhle (f) / wheel

luchd (f) / load

cuibhle (f) agus aiseal (f) / *wheel and axle*

aiseal (f) / axle

cuibhle (f) / wheel

làmh (f) / handle

luchd (f) / load

Forces and machines

69

Saidheans agus teicneòlas

Coimpiutairean agus innleachdan eileagtronaigeach
Computers and electronic devices

Tha coimpiutairean is innleachdan eileagtronaigeach gu tur ag atharrachadh na dòigh sa bheil sinn beò agus ag obair. Is urrainn dhuinn conaltradh sa bhad le daoine air feadh an t-saoghail. Is urrainn dhuinn cumail suas le caraidean tro lìonraidhean sòisealta, agus an t-eadar-lìon a sgrùdadh airson fiosrachadh.

Computers and electronic devices transform the way we live and work. We communicate instantly with people all over the world. We keep up with friends through social networks, and we search the Internet for information.

Air an eadar-lìon • *On the Internet*

ceanglachan *(m)* • *attachment*
duilleag-dachaigh *(f)* • *home page*
cabadaich • *chat*
ceangail • *connect*
post-d *(m)* • *email*
blog *(m)* • *blog*
tùit *(m)* • *tweet*
lorg • *search*
brobhsaich • *browse*
tràl • *surf*
luchdaich sìos • *download*
luchdaich suas • *upload*
ui-fi *(m)* • *wi-fi*

sgrion *(m)* / screen
coimpiutair *(m)* / computer
meur-chlàr *(m)* / keyboard
clò-bhualadair *(m)* / printer
luch *(f)* / mouse

Science and technology

Computers and electronic devices

cluicheadair MP3 (m) — *MP3 player*

fòn-làimhe (f) — *mobile phone*

bioran-cuimhne (m) — *memory stick*

camara didseatach (m) — *digital camera*

tablaid (f) — *tablet*

coimpiutair-glùine (m) — *laptop*

e-leughadair (m) — *e-reader*

Gnìomhan coimpiutair • Computer actions

ceangail • *connect*	cuir a-steach • *insert*
log air • *log on*	dubh às • *delete*
log dheth • *log off*	cruthaich • *format*
clò-sgrìobh • *type*	deasaich • *edit*
sgrolaig • *scroll*	dearbh litreachadh • *spell check*
gliog • *click*	clò-bhuail • *print*
slaod • *drag*	sgrùd • *scan*
geàrr • *cut*	sàbhail • *save*
cuir ann • *paste*	dèan lethbhreac-gleidhidh • *back up*

Beathaichean agus planntrais

Ùthaichean

Ùthaichean • *Mammals*

Tha fuil bhlàth ann an ùthaichean, agus tha sin a' ciallachadh gum faigh iad air fuireach blàth fiù ann an àite fuar. Bidh ùthaichean boireann a' breith ùthaichean eile (seach uighean) agus bidh iad a' cumail am bèibidhean beò le bainne. Tha diofar mheudan dh'ùthaichean ann, mar luchagan is ialtagan beaga bìodach gu ailbheanan is mucan-mara mhòra.

Mammals are warm-blooded, which means they can stay warm even in cold surroundings. Female mammals give birth to live babies (rather than eggs) and feed their babies with milk. Mammals range in size from tiny mice and bats to enormous elephants, whales, and dolphins.

muncaidh *(m)*
monkey

sioraf *(m)*
giraffe

ailbhean *(m)*
elephant

càmhal *(m)*
camel

sròn-adhairceach *(m)*
rhinoceros

mathan geal *(m)*
polar bear

each-aibhne *(m)*
hippopotamus

liopard *(m)*
leopard

72

Animals and plants

Mammals

Neo-àbhaisteach agus iongantach
Unusual and extraordinary

platapas gob-tuinneige *(m)*
duck-billed platypus

famh sròn-rionnaig *(f)*
star-nosed mole

pangailin *(m)*
pangolin

leisgeag *(f)*
sloth

seabra *(m)*
zebra

làma *(m)*
llama

fiadh *(m)*
deer

feòrag *(f)*
squirrel

siopmunc *(m)*
chipmunk

goiriola *(m)*
gorilla

leòmhann *(m)*
lion

pantar *(m)*
panther

cangarù *(m)*
kangaroo

siota *(m)*
cheetah

Beathaichean agus planntrais

Beathaichean obrach • *Working animals*

Tha cuid de bheathaichean a' fuireach glè dhlùth dha daoine. Tha beathaichean obrach mhòra a' tarraing no a' giùlain luchdan troma. Tha coin a' dèanamh obair fheumail coltach ri buachailleachd chaorach, lorg no sealg. Tha beathaichean tuathanais air an cumail airson an cuid feòla no bainne no uighean, agus is toil le mòran daoine an cumail mar pheataichean.

Some animals live very closely with people. Large working animals pull or carry heavy loads. Dogs perform many useful tasks, such as herding sheep, tracking, or hunting. Farm animals are kept for their meat or for their milk or eggs, and many people like to keep animals as pets.

buabhall uisge *(m)*
water buffalo

each *(m)*
horse

gobhar *(m)*
goat

cù chaorach *(m)*
sheepdog

caora *(f)*
sheep

Animals and plants

Beathaichean beaga
Small animals

luchag (f)
mouse

hamstair (m)
hamster

pitheid (f)
parrot

gearra-mhuc (f)
guinea pig

buidsidh (m)
budgerigar

Working animals

bò (f)
cow

asal (m)
donkey

tunnag (f)
duck

cearc Fhrangach (f)
turkey

gèadh (f)
goose

cù teasairginn nam beann (m)
mountain-rescue dog

cat (m)
cat

cearc (f)
hen

coileach (m)
cockerel

75

Beathaichean agus planntrais

Snàgairean agus muir-thìrich • *Reptiles and amphibians*

Bidh snàgairean a' breith uighean agus tha lannan air a' chraiceann aca. Am measg nan snàgairean tha crogallan, sligeanaich agus nathraichean. Tha craiceann mìn air muir-thìrich a bhios a' faireachdainn fliuch mar as trice. Tha iad beò air tìr ach bidh iad a' briodachadh san uisge. Am measg nam muir-thìrich tha muile-mhàgagan, losgainn agus dearcan-luachrach.

Reptiles lay eggs and have scaly skin. They include crocodiles, tortoises, and snakes. Amphibians have smooth skin that usually feels damp. They live on land but breed in water. Amphibians include toads, frogs, and newts.

turtar *(f)*
turtle

sligeachan *(m)*
tortoise

laghairt *(m)*
lizard

caimileon *(m)*
chameleon

ioguàna *(m)*
iguana

dràgan Comòdo *(m)*
Komodo dragon

corra-chagailte *(f)*
salamander

76

Animals and plants

Nathraichean (f) • Snakes

mamba uaine (m)
green mamba

nathair corail (f)
coral snake

nathair-nimhe (f)
puff adder

paidhtean (m)
python

cobra Èipheiteach (m)
Egyptian cobra

losgann nan gath puinnseanta (m)
poison dart frog

muile-mhàgag (f)
toad

dearc-luachrach (f)
newt

ailigeutair (m)
alligator

crogall (m)
crocodile

Reptiles and amphibians

77

Beathaichean agus planntrais

Iasg

Iasg • *Fish*

Tha iasg beò agus a' briodachadh ann an uisge. Tha lannan air a' chuid mhòr de dh'iasg agus bidh iad a' snàmh agus iad a' cleachdadh an itean agus neart am bodhaigean 's an earbaill. Bidh iasg a' cleachdadh an giùranan airson anail a tharraing fon uisge. Bidh na giùranan a' toirt a-steach an ogsaidean a tha a' leaghadh san uisge.

Fish live and breed in water. Most fish are covered in scales, and they swim by using their fins and their powerful bodies and tails. Fish use gills to breathe under water. The gills take in the oxygen that is dissolved in water.

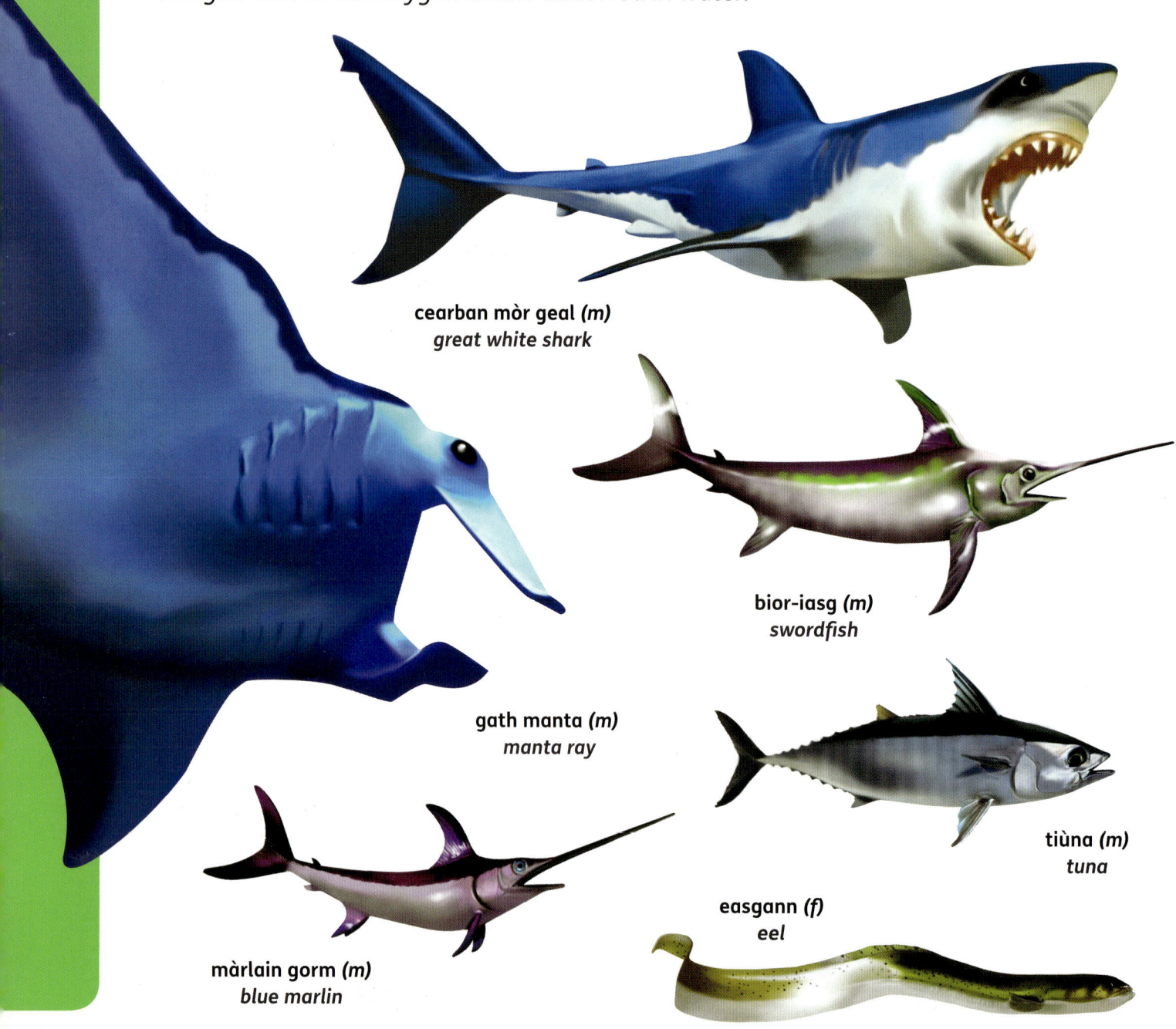

cearban mòr geal *(m)*
great white shark

bior-iasg *(m)*
swordfish

gath manta *(m)*
manta ray

tiùna *(m)*
tuna

easgann *(f)*
eel

màrlain gorm *(m)*
blue marlin

78

Animals and plants

Pàirtean èisg • Parts of a fish

- lannan (f) / scales
- ite (f) / fin
- ite earbaill (f) / tail fin
- còmhdach giùrain (m) / gill cover

breac (f) • trout

biorach (f) / dogfish

lèabag bhreac (f) / plaice

coi-charbhan (m) / koi

pioràna (m) / piranha

bradan (m) / salmon

rionnach (m) / mackerel

manach (m) / angelfish

sàrdan (m) / sardine

doirbeag (f) / minnow

iasg dathtach tropaigeach (m) / neon tetra

trosg (f) / cod

geastag (f) / pike

Fish

79

Beathaichean agus planntrais

Creutairean mara
Sea creatures

Nuair a bhios tu a' dàibheadh sìos domhainn dhan mhuir, lorgaidh tu raon mhòr iongantach de chreutairean. Tha ùthaichean ann (mucan-mara agus leumadairean-mara), muir-thìrich (leithid turtaran), snàgairean mara (nathraichean mara) agus mòran diofar sheòrsaichean èisg.

As you dive deep into the sea, you find an amazing range of creatures. There are mammals (such as whales and dolphins), amphibians (like turtles), marine reptiles (like sea snakes), and many varieties of fish.

1 iasg itealaich *(m)* — flying fish
2 bun-dùn na mara *(m)* — anemone
3 ròn *(m)* — seal
4 muc-mhara ghorm *(f)* — blue whale
5 ochd-chasach dumbo *(m)* — dumbo octopus
6 carran mantais *(m)* — mantis shrimp
7 breabadair mara *(m)* — sea spider
8 leumadair-mara *(m)* — dolphin
9 each-mara *(m)* — walrus
10 turtar mara *(f)* — sea turtle
11 nathair mara *(f)* — sea snake
12 ochd-chasach *(m)* — octopus
13 giomach *(m)* — lobster
14 each-uisge *(m)* — seahorse
15 greimiche sligeach *(m)* — nautilus
16 cearban muic-mhara *(m)* — whale shark
17 gibearnach mòr *(f)* — giant squid
18 muir-tiachd mhòr *(f)* — giant jellyfish
19 cearban Ghronnlainn *(m)* — Greenland shark
20 cularan mara *(m)* — sea cucumber
21 sligeach mòr *(m)* — giant isopod

Animals and plants

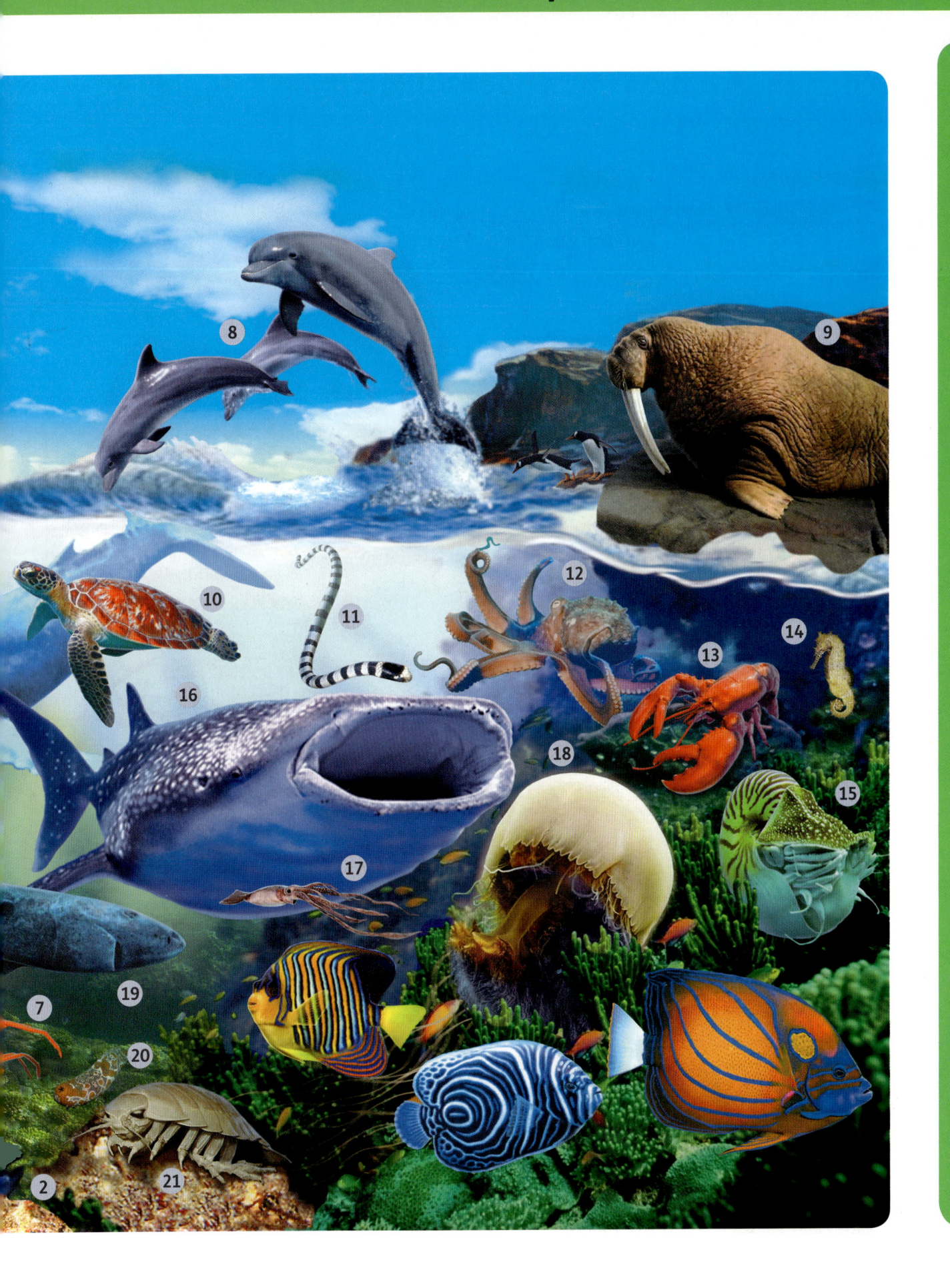

Sea creatures

81

Beathaichean agus planntrais

Meanbh-fhrìdean agus mion-bhiastagan
Insects and mini-beasts

Tha sia casan air meanbh-fhrìdean, chan eil cnàimh-droma annta, agus tha am bodhaig air a roinn ann an trì pàirtean (an ceann, an uchd agus brù). Am measg chreutairean eile gun chnàimh-droma tha damhain-allaidh, ceud-chasaich agus daolagan. Glè thric, canar mion-bhiastagan ris na creutairean sin.

Insects have six legs, no backbone, and a body divided into three parts (the head, the thorax, and the abdomen). Other small creatures without a backbone include spiders, centipedes, and beetles. These creatures are often known as mini-beasts.

speach (f)
wasp

daolag-adhrach (f)
praying mantis

gath (m)
sting

seillean-meala (m)
honey bee

iadhaire (m)
antenna

breabadair ladhrach (m)
daddy long legs

meanbh-fhrìde gheugach (f)
stick insect

leòmann (m)
moth

spèileadair lòin (m)
pond skater

sùil fhillte (f)
compound eye

cuileag (f)
housefly

Animals and plants

Insects and mini-beasts

tarbhan-nathrach (m)
dragonfly

gòbhlag (f)
earwig

biastag leapa (f)
bedbug

deargann (f)
flea

ceàrnan (m)
cockroach

mosgìoto (f)
mosquito

bratag (f)
caterpillar

ceann (m)
head

uchd (f)
thorax

brù (f)
abdomen

seangan (m)
ant

dealan-dè (m)
butterfly

ainle (f)
aphid

daolag dhearg-bhreac (f)
ladybird

fionnan-feòir (m)
grasshopper

83

Beathaichean agus planntrais

Creutairean oidhche • *Nocturnal creatures*

Bidh beathaichean oidhche a' cadal no a' gabhail fois tron latha agus a' tighinn a-mach feasgar no air an oidhche a choimhead airson biadh.

Nocturnal creatures sleep or rest during the day. They come out in the evening or at night to look for food.

① broc *(m)* • *badger*
② leòmann gealaich *(m)* • *luna moth*
③ lìomar *(m)* • *lemur*
④ seilcheag *(f)* • *leopard slug*
⑤ madadh-allaidh *(m)* • *grey wolf*
⑥ gràineag *(f)* • *hedgehog*
⑦ sgairp *(f)* • *scorpion*
⑧ scunc *(f)* • *skunk*
⑨ ialtag-fala *(f)* • *bat*

Animals and plants

Nocturnal creatures

⑩ racùn *(m)* • *raccoon*
⑪ feothan *(m)* • *dormouse*
⑫ prìomhaid cnuimh-itheach *(m)* • *tarsier*
⑬ sionnach *(m)* • *fox*
⑭ gràineas *(m)* • *porcupine*
⑮ partan-tuathail *(m)* • *hermit crab*
⑯ posam *(m)* • *possum*
⑰ àrmaidile *(m)* • *armadillo*
⑱ comhachag *(f)* • *barn owl*

85

Beathaichean agus planntrais

Eòin • *Birds*

Tha dà chas, dà sgiath agus gob air eòin. Tha eòin uile a' breith uighean agus tha còta itean air eòin. Is urrainn don chuid mhòr de dh'eòin falbh air iteig, ach tha cuid de dh'eòin ann aig nach eil comas a dhol air iteig mar an ceann-fionn, an eumu agus an struth.

Birds have two legs, two wings, and a beak. All birds lay eggs and are covered with feathers. Most birds can fly, but there are some flightless birds, such as the penguin, the emu, and the ostrich.

biorra-crùidein *(m)*
kingfisher

brù-dhearg *(m)*
robin

gòbhlan-gaoithe *(m)*
swallow

snagan-daraich *(m)*
woodpecker

corra-ghritheach *(f)*
heron

cuthag *(f)*
cuckoo

lòn-dubh *(m)*
blackbird

peucag *(f)*
peacock

Animals and plants

Iongantach is mìorbhaileach • *Astonishing and amazing*

gob-leathan uisge (m)
roseate spoonbill

gob-adhairc clogaideach (m)
helmeted hornbill

eun frigeid (m)
frigate bird

fang (f)
vulture

iolair (m)
eagle

peileagan (m)
pelican

struth (m)
ostrich

flamainge (m)
flamingo

ceann-fionn (m)
penguin

buthaid (f)
puffin

drannd-eun (m)
hummingbird

Birds

87

Beathaichean agus planntrais

Craobhan is preasan • *Trees and shrubs*

Is e planntaichean fìor mhòr a th' ann an craobhan agus tha iad a' toirt mòran bhliadhnaichean a' fàs gu làn-àirde. Tha stoc leathan fhiodhach orra agus freumhan a tha glè dhomhainn. Is e dosan le gasan fiodhach a th' ann am preasan. Nam measg tha luibhean mar lus-na-tùise, ròs-Moire agus slàn-lus.

Trees are very large plants that take many years to grow to their full size. They have a thick and woody trunk and very deep roots. Shrubs are bushes with woody stems. They include some herbs, such as lavender, rosemary, and sage.

ruadh-fhiodh *(m)*
redwood

giuthas *(m)*
pine

iubhar *(m)*
yew

baodhbab *(f)*
baobab

giuthas *(m)*
fir

geanm-chnò *(f)*
horse chestnut

craobh-pailm *(f)*
palm

darach *(m)*
oak

faidhbhile *(f)*
beech

Animals and plants

Trees and shrubs

cuileann (m)
holly

crann-ola (m)
olive

ubhal (m)
apple

sirist (f)
cherry

miomòsa (m)
mimosa

liomaid (f)
lemon

ròs-Moire (m)
rosemary

lus-na-tùise (m)
lavender

Pàirtean craoibhe
Parts of a tree

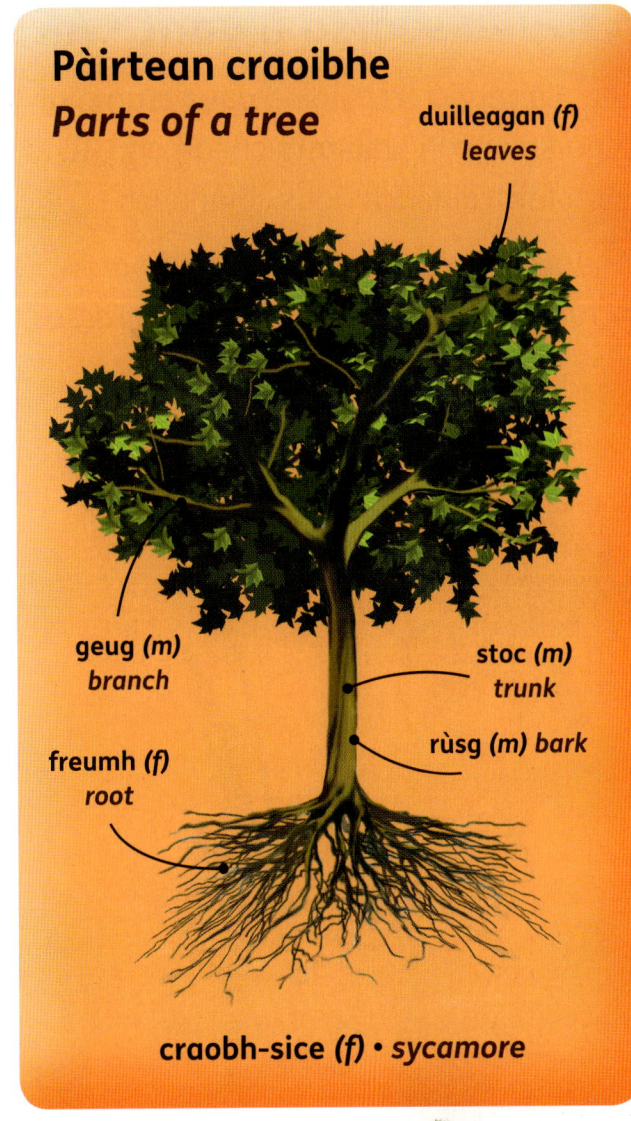

- **duilleagan (f)** leaves
- **geug (m)** branch
- **stoc (m)** trunk
- **rùsg (m)** bark
- **freumh (f)** root

craobh-sice (f) • *sycamore*

iùcailioptas (m)
eucalyptus

89

Beathaichean agus planntrais

A h-uile seòrsa plannt • *All sorts of plants*

Tha planntaichean uaine agus feumaidh iad solas airson fàs. Tha mòran diofar sheòrsaichean phlanntaichean ann, leithid planntaichean flùrach, luibhean, feur, cactaidh, raineach agus còinneach.

Plants are green and need light to grow. There are many different types of plant, including flowering plants, herbs, grasses, cacti, ferns, and mosses.

ròs *(m)*
rose

lus a' chrom-chinn *(m)*
daffodil

bròg na cuthaig *(f)*
pansy

mogairle *(f)*
orchid

tuiliop *(f)*
tulip

lilidh *(f)*
lily

neòinean-grèine *(m)*
sunflower

crom-lus *(m)*
poppy

lilidh uisge *(f)*
water lily

Animals and plants

neòinean (m)
daisy

beàrnan-brìde (m)
dandelion

feur pampas (m)
pampas grass

còinneach (f)
moss

raineach (f)
fern

bambù (m)
bamboo

cactas (m)
cactus

Pàirtean de phlannt blàthach
Parts of a flowering plant

flùr-bhileag (f)
petal

gucag (f)
bud

flùr (m)
flower

gas duilleig (m)
leaf stalk

duilleag (f)
leaf

gas (m)
stem

freumh (f)
root

All sorts of plants

91

An Talamh 's an àrainneachd

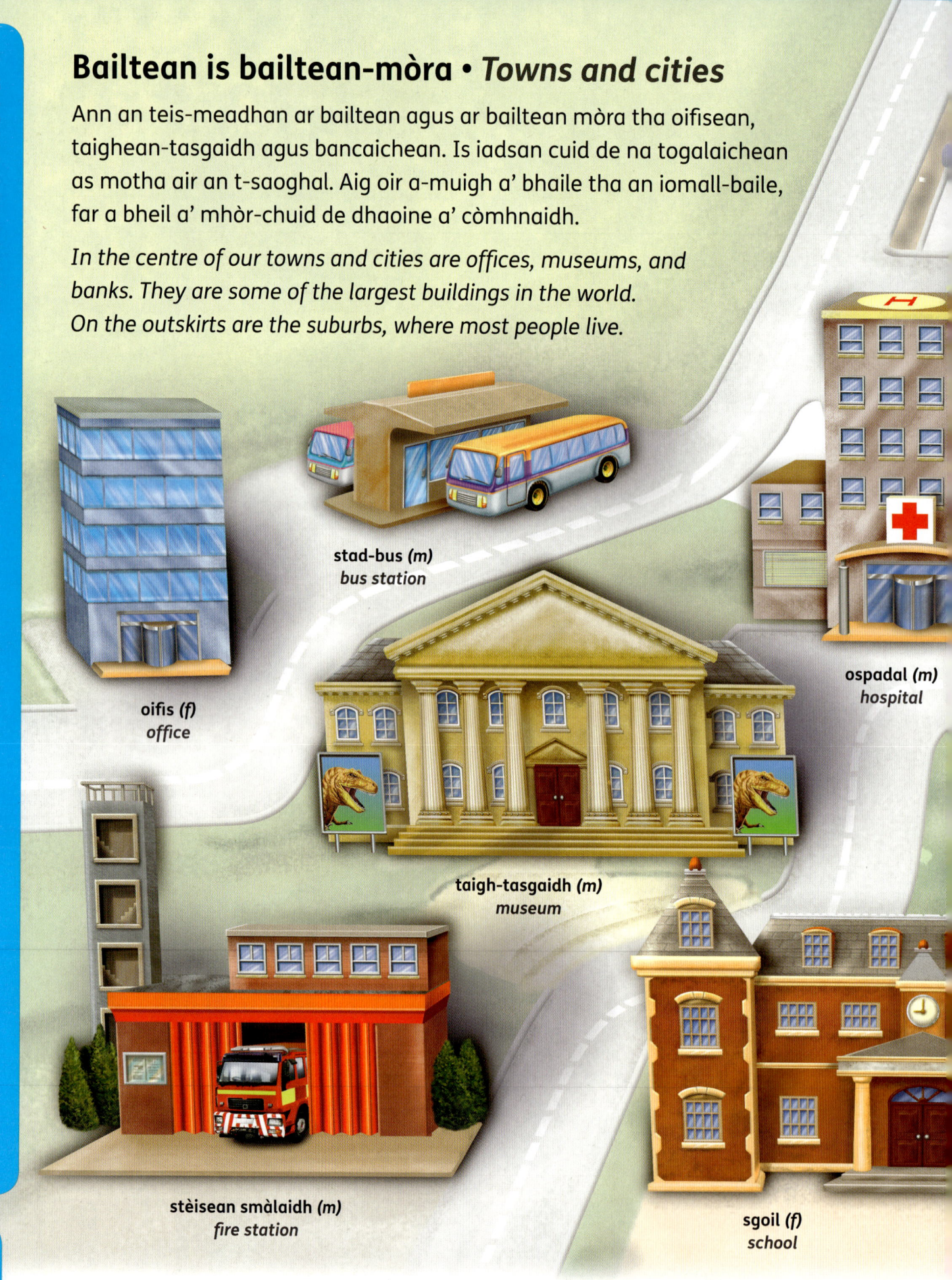

Bailtean is bailtean-mòra • *Towns and cities*

Ann an teis-meadhan ar bailtean agus ar bailtean mòra tha oifisean, taighean-tasgaidh agus bancaichean. Is iadsan cuid de na togalaichean as motha air an t-saoghal. Aig oir a-muigh a' bhaile tha an iomall-baile, far a bheil a' mhòr-chuid de dhaoine a' còmhnaidh.

In the centre of our towns and cities are offices, museums, and banks. They are some of the largest buildings in the world. On the outskirts are the suburbs, where most people live.

stad-bus *(m)*
bus station

oifis *(f)*
office

ospadal *(m)*
hospital

taigh-tasgaidh *(m)*
museum

stèisean smàlaidh *(m)*
fire station

sgoil *(f)*
school

Planet Earth and the environment

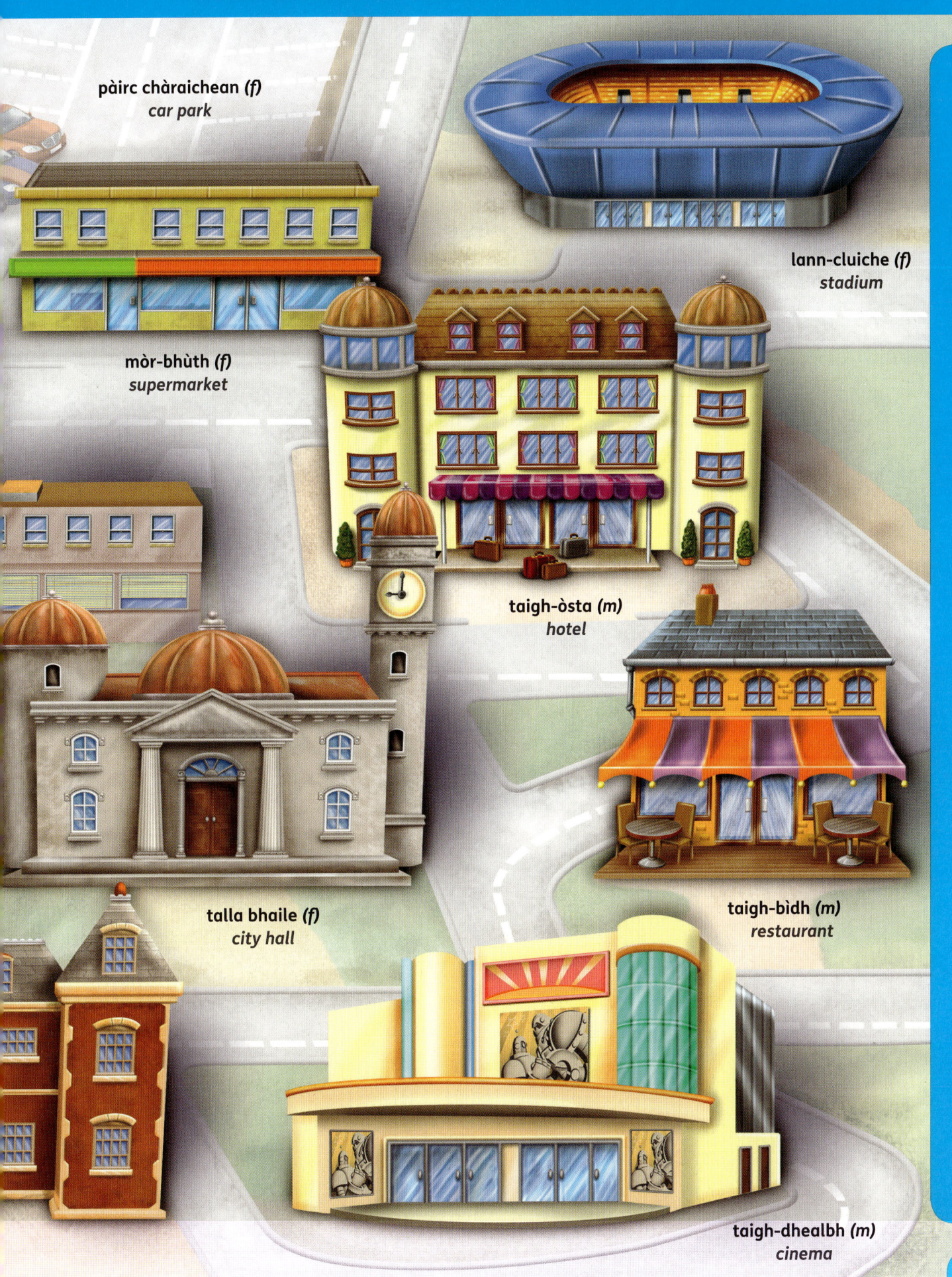

pàirc chàraichean *(f)*
car park

lann-cluiche *(f)*
stadium

mòr-bhùth *(f)*
supermarket

taigh-òsta *(m)*
hotel

taigh-bìdh *(m)*
restaurant

talla bhaile *(f)*
city hall

taigh-dhealbh *(m)*
cinema

Towns and cities

93

An Talamh 's an àrainneachd

Air sràid • *On the street*

Faodaidh sràidean baile-mòr a bhith glè bheòthail. Tha iad làn bhùithtean, gnothachasan agus cafaidhean. Ann an cuid de shràidean, chan eil trafaig ceadaichte agus mar sin 's urrainn do choisichean tlachd a ghabhail à bhith a' ceannach agus a' coinneachadh charaidean.

City streets can be very lively places. They are full of shops, businesses, and cafes. In some streets, most traffic is banned so the pedestrians can enjoy shopping and meeting friends.

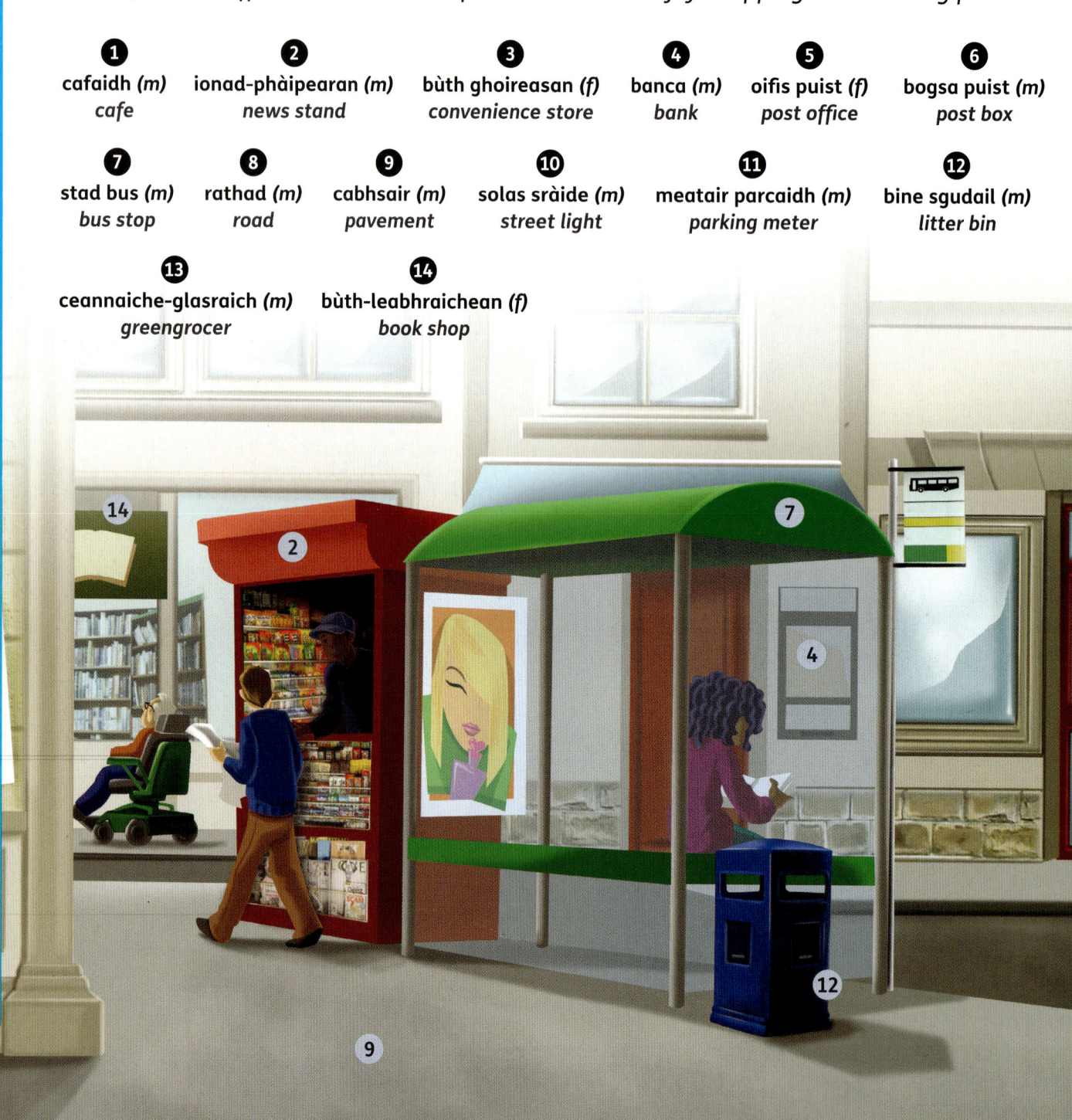

1 cafaidh *(m)* — cafe
2 ionad-phàipearan *(m)* — news stand
3 bùth ghoireasan *(f)* — convenience store
4 banca *(m)* — bank
5 oifis puist *(f)* — post office
6 bogsa puist *(m)* — post box
7 stad bus *(m)* — bus stop
8 rathad *(m)* — road
9 cabhsair *(m)* — pavement
10 solas sràide *(m)* — street light
11 meatair parcaidh *(m)* — parking meter
12 bine sgudail *(m)* — litter bin
13 ceannaiche-glasraich *(m)* — greengrocer
14 bùth-leabhraichean *(f)* — book shop

Planet Earth and the environment

A h-uile seòrsa bùth • All sorts of shops

bùth dhèideagan (f)
toy shop

bèicear (m)
baker

bùidsear (m)
butcher

ceimigear (m)
chemist

bùth aodaich (f)
clothes shop

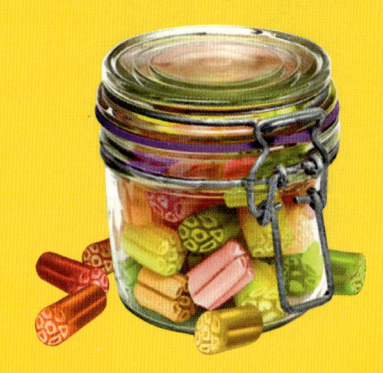

bùth shiùcaran (f)
sweet shop

bùth-fhlùraichean (f)
florist

bùth ghibhtean (f)
gift shop

bùth-phàipearan (f)
newsagent

bùth pheataichean (f)
pet shop

bùth bhrògan (f)
shoe shop

On the street

95

An Talamh 's an àrainneachd

Air an tuath • *In the country*

Air feadh an t-saoghail, tha daoine ag àiteach an fhearainn agus a' togail bheathaichean air an tuath. Bidh tuathanaich àitich a' fàs bàrr. Bidh tuathanaich bainne a' cumail ghoibhrean no crodh airson am bainne, leis am bithear uaireannan a' dèanamh càise, ìm no toraidhean bainne eile.

All over the world, people farm the land and raise animals in the countryside. Arable farmers grow crops. Dairy farmers keep cows or goats for their milk. Milk is sometimes turned into cheese, butter, or other dairy products.

Bàrr *(m)* agus measan *(m)* • *Crops and vegetables*

cuilc-shiùcair *(f)* • *sugar cane*

pònairean-sòighe *(f)* • *soybeans*

cruithneachd Ìnnseanach *(f)* • *maize*

cruithneachd *(f)* • *wheat*

peapagan *(f)* • *pumpkins*

buntàta *(m sing)* • *potatoes*

rus *(m)* • *rice*

fìon-dhearcan *(f)* • *grapes*

Planet Earth and the environment

Innealan tuathanais (m) • Farm vehicles and machinery

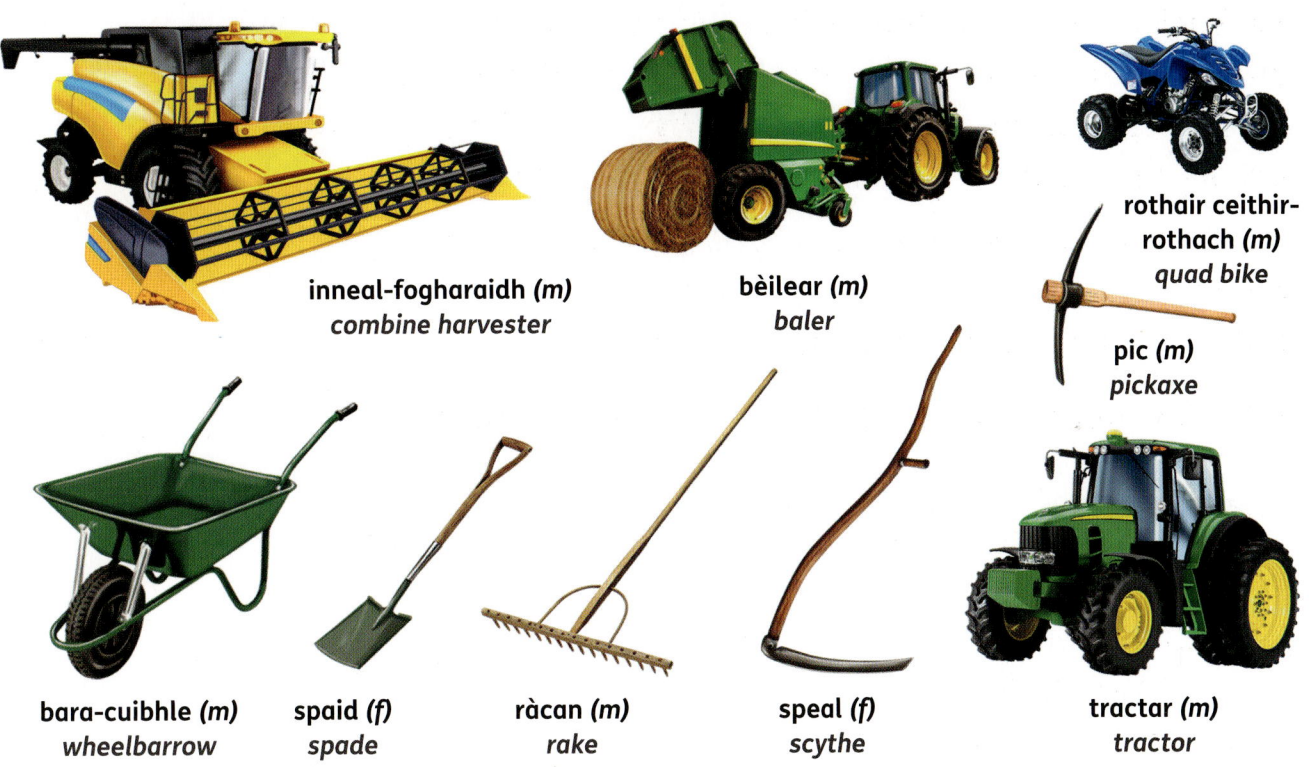

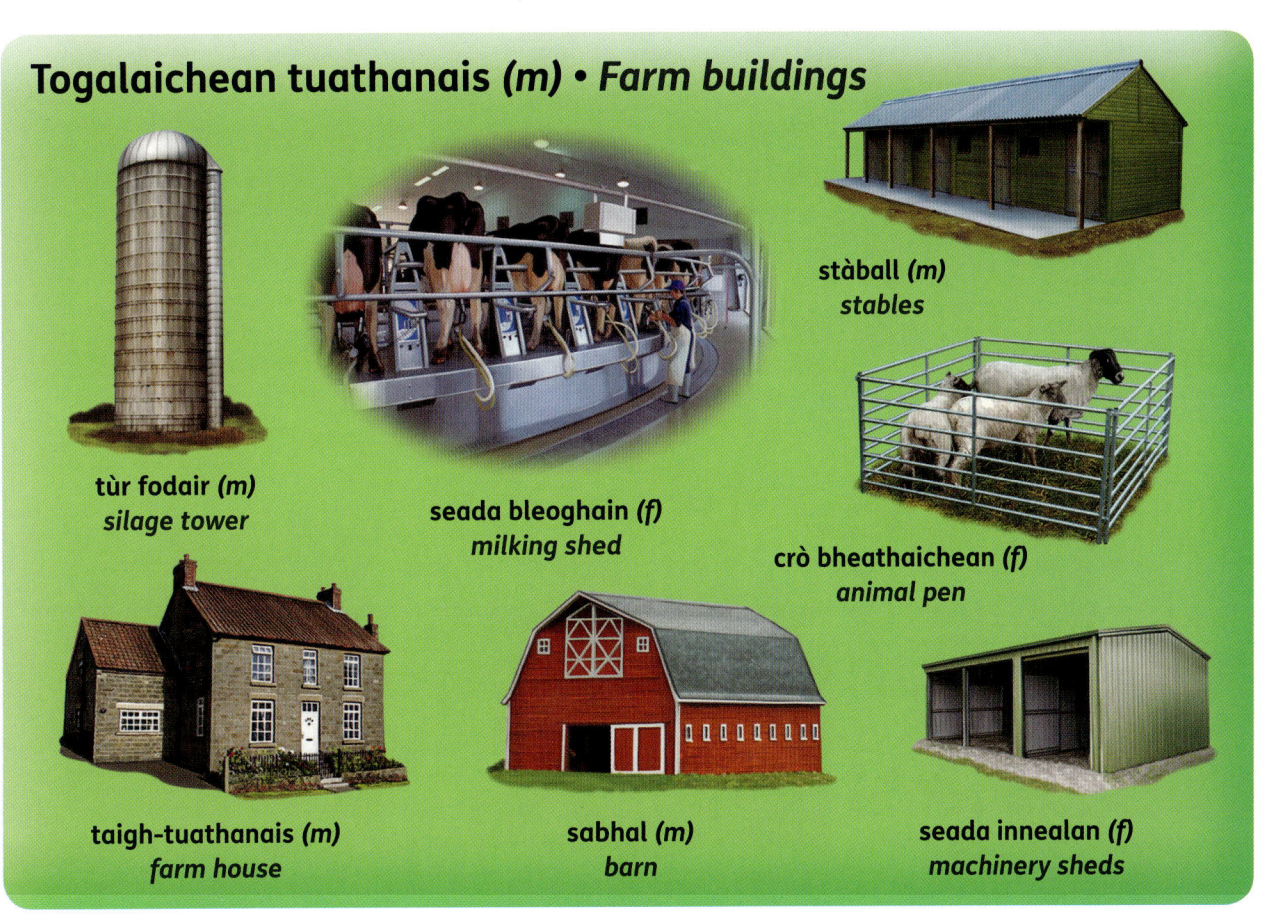

inneal-fogharaidh *(m)*
combine harvester

bèilear *(m)*
baler

rothair ceithir-rothach *(m)*
quad bike

pic *(m)*
pickaxe

bara-cuibhle *(m)*
wheelbarrow

spaid *(f)*
spade

ràcan *(m)*
rake

speal *(f)*
scythe

tractar *(m)*
tractor

Togalaichean tuathanais (m) • Farm buildings

tùr fodair *(m)*
silage tower

seada bleoghain *(f)*
milking shed

stàball *(m)*
stables

crò bheathaichean *(f)*
animal pen

taigh-tuathanais *(m)*
farm house

sabhal *(m)*
barn

seada innealan *(f)*
machinery sheds

In the country

An Talamh 's an àrainneachd

Cruthan-tìre is àrainnean • *Landscapes and habitats*

Tha mòran de dhiofar chruthan-tìre air an t-saoghal, agus tha gach cruth-tìre a' cruthachadh àrainn sònraichte do dhiofar sheòrsaichean de bheathaichean fiadhaich. Faodaidh cruthan-tìre a dhol bho bhith làn de shneachd is deigh mar a tha aig a' Phòla Tuath agus am Pòla Deas no le coilltean-uisge teth mar a tha faisg air a' Chrios-mheadhain.

The Earth has many different types of landscape, and each landscape provides a special habitat for a different set of wildlife. Landscapes can range from thick ice and snow around the North and South poles to steamy rainforests close to the equator.

cuan *(m)*
ocean

cladach *(m)*
seashore

beinn *(f)*
mountain

coille-uisge *(f)*
rainforest

fàsach *(f)*
desert

raointean *(m)* **feòir** *(m)*
grasslands

eigh-shruth *(m)*
glacier

coille *(f)* **sìor-ghorm**
evergreen forest

fearann *(m)* **coillteach**
woodland

Planet Earth and the environment

loch (m)
lake

ceàrnaidh (f) pòlarach
polar region

boglach (f)
swamp

mòinteach (f)
moor

Ìrean aibhne (f)
Stages of a river

Tha àrainnean ann an aibhnichean a bhios ag atharrachadh dha fiadh-bheatha, a' tòiseachadh le sruthan beag bras agus a' crìochnachadh le abhainn shlaodach leathan.

Rivers provide a changing habitat for wildlife, starting with a tiny, fast-flowing stream, and ending in a broad, slow-moving river.

sruthan (m)
stream

leas-abhainn (f)
tributary

bras-shruthan (m)
rapids

eas (m)
waterfall

inbhir (m)
estuary

Landscapes and habitats

An Talamh 's an àrainneachd

Sìde • *Weather*

Tha gnàth-shìde thropaigeach ann an àiteachan faisg air a' Chrios-mheadhain. Tha an t-sìde teth agus bruthainneach an sin fad na bliadhna. Ann an àiteachan nas fhaide tuath agus deas, tha an t-sìde measarra. Tha i fuar anns a' gheamhradh, fionnar as t-earrach agus as t-fhoghar agus blàth as t-samhradh.

Places close to the Equator have a tropical climate. The weather there is hot and humid all year round. In places further north and south, the climate is temperate. It is cold in the winter, cool in spring and autumn, and warm in summer.

grianach • *sunny*

sgòthach • *cloudy*

fliuch • *rainy*

ceòthach • *foggy*

smugach • *smoggy*

sneachdach • *snowy*

Planet Earth and the environment

Weather

reòthte • *icy*

gailleann-duslaich (f) • *dust storm*

gailleann-meallain (f) • *hailstorm*

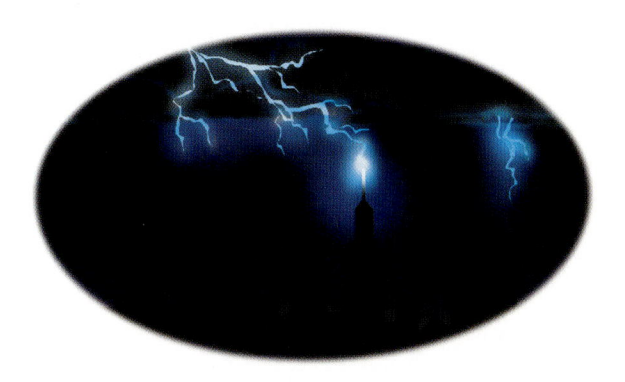

tàirneanach (m) • *thunderstorm*

facail teòthachd
Temperature words

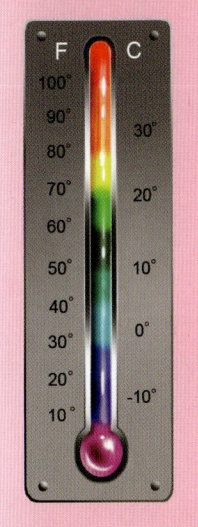

teth
hot

blàth
warm

fionnar
cool

fuar
cold

reòthte
freezing

gnàth-shìde thropaigeach (f)
tropical climate

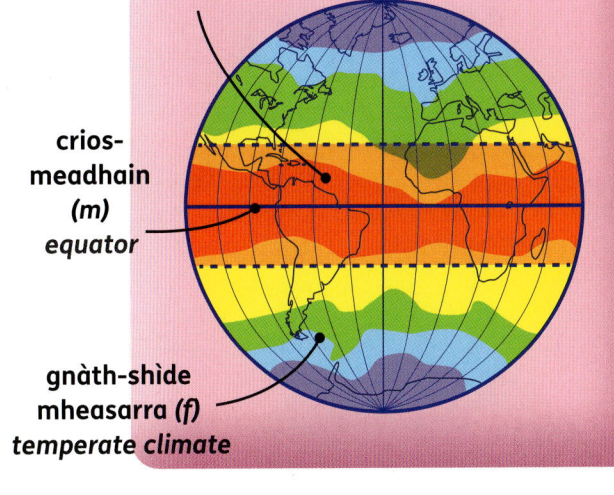

crios-meadhain (m)
equator

gnàth-shìde mheasarra (f)
temperate climate

doineann (f) • *tornado*

101

An Talamh 's an àrainneachd

Truailleadh is glèidhteachas • *Pollution and conservation*

Tha an Talamh fo chunnart bho mhòran sheòrsaichean truaillidh. Tha sinn cuideachd an impis stòras cumhachd na Talmhainn a chaitheamh. Ma tha sinn airson am planaid againn a shàbhaladh, feumaidh sinn truailleadh a lùghdachadh agus cumhachd a ghleidheadh.

Planet Earth is threatened by many kinds of pollution. We are also in danger of using up the Earth's resources of energy. If we want to save our planet, we must reduce pollution and conserve (save) energy.

Seòrsaichean truaillidh
Types of pollution

sgudal cunnartach *(m)*
hazardous waste

gànrachadh uisge *(m)*
water contamination

truailleadh èadhair *(m)*
air pollution

puinnseanachadh puinnsean bhiastagan *(m)*
pesticide poisoning

rèididheachd *(f)*
radiation

truailleadh fuaim *(m)*
noise pollution

Planet Earth and the environment

uisge searbhaig *(m)*
acid rain

dòrtadh ola *(m)*
oil spill

truailleadh solais *(m)*
light pollution

Caomhnadh cumhachd *(f)* • Energy conservation

Faodaidh daoine diofar cheumannan a ghabhail airson cuideachadh le caomhnadh cumhachd agus am planaid a chumail fallain.

People can take a range of steps to help save energy and keep the planet healthy.

innearadh *(m)*
composting

ath-chleachdadh *(m)*
re-use

sàbhaladh cumhachd *(f)*
energy saving

ath-chuairteachadh *(m)*
recycling

Pollution and conservation

An Talamh 's an àrainneachd

An Talamh
Planet Earth

Tha daoine a' fuireach air rùsg uachdair na Talmhainn agus tha an rùsg seo ann an cumadh diofar chruthan-tìre. Fon rùsg seo tha grunn shreathan de chloich agus tha cuid aca leaghte (glè theth agus sruthach). Bidh beanntan-teine a' spreadhadh nuair a tha clach leaghte, ris an canar làbha, a' brùchdadh tro rùsg na Talmhainn.

Humans live on the surface crust of the Earth, and this crust is moulded into different landscape features. Underneath the crust are several layers of rock, and some of them are molten (very hot and liquid). Volcanoes erupt when molten rock, called lava, bursts through the Earth's crust.

Am broinn na Talmhainn
Inside the Earth

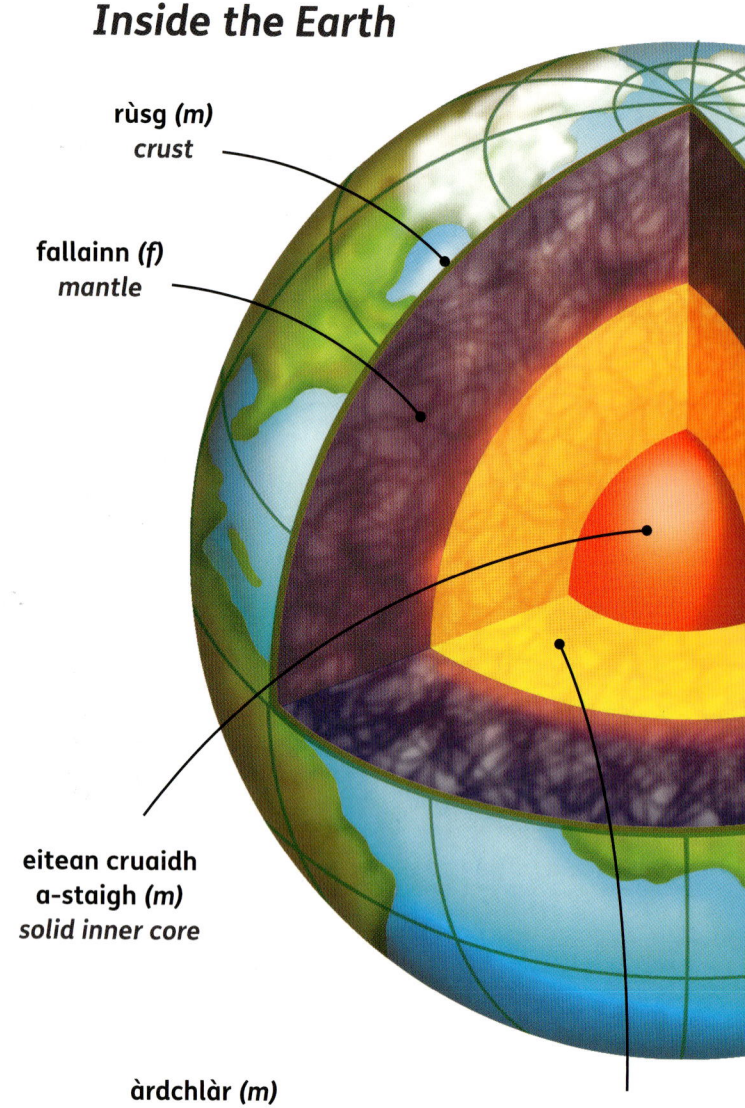

rùsg (m)
crust

fallainn (f)
mantle

eitean cruaidh a-staigh (m)
solid inner core

eitean sruthach a-muigh (m)
liquid outer core

Feartan tìre
Landscape features

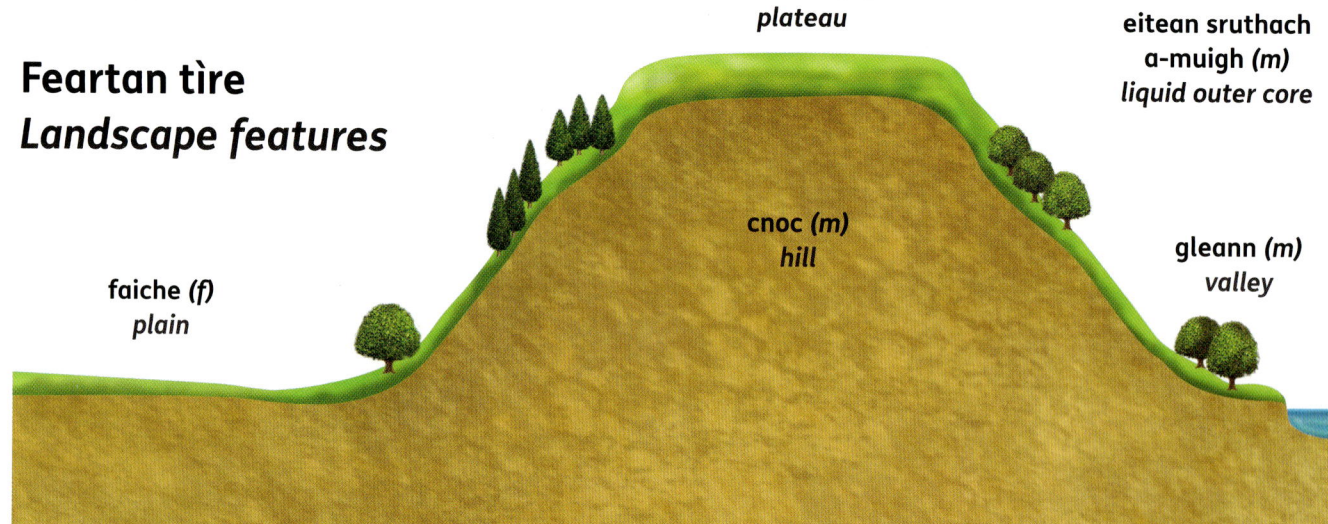

àrdchlàr (m)
plateau

cnoc (m)
hill

gleann (m)
valley

faiche (f)
plain

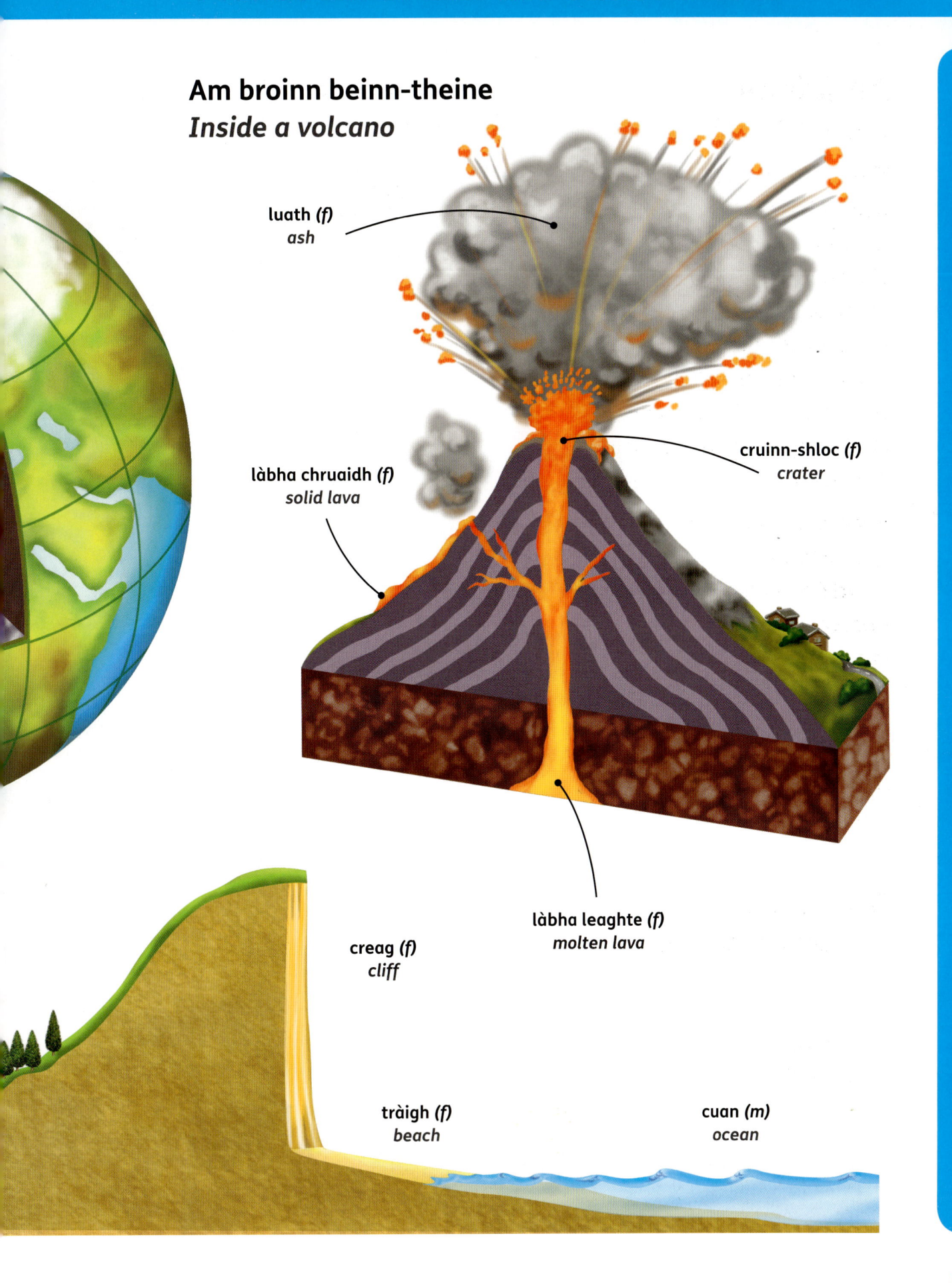

Planet Earth and the environment

Am broinn beinn-theine
Inside a volcano

luath (f)
ash

cruinn-shloc (f)
crater

làbha chruaidh (f)
solid lava

làbha leaghte (f)
molten lava

creag (f)
cliff

tràigh (f)
beach

cuan (m)
ocean

Planet Earth

105

Fànais agus siubhal fànais

An còras-grèine
The solar system

Tha an còras-grèine againn air a dhèanamh suas bhon Ghrian agus na planaidean a tha ga cuairteachadh. Anns a' chòras-grèine againn tha ochd planaidean agus mòran ghealaichean. Tha mòran dhreagan is reultan cearbach ann cuideachd a tha a' cuairteachadh na grèine.

Our solar system is made up of the Sun and the planets that orbit it. In our solar system, there are eight planets and many moons. There are also many asteroids and comets that orbit the Sun.

Grian *(f)*
Sun

Mearcar *(m)*
Mercury

Bheunas *(f)*
Venus

Talamh *(m)*
Earth

Mars *(m)*
Mars

Iupatar *(m)*
Jupiter

Space and space travel

Facail fànais • *Space words*

Bidh daoine a' cleachdadh phrosbaigean airson an t-adhar a sgrùdadh air an oidhche. Is e reul-eòlaichean a chanar ri reuladairean proifeiseanta.

People use telescopes to study the sky at night. Professional stargazers are called astronomers.

reul *(f)* • *star*
grioglachan *(m)* • *constellation*
gealach *(f)* • *moon*
Geal-shruth nan Speur *(m)* • *Milky Way*
reul-chrios *(m)* • *galaxy*
dreag *(f)* • *meteor*
toll dubh *(m)* • *black hole*

The solar system

Neaptun *(m)*
Neptune

Uràrnas *(m)*
Uranus

Satarn *(m)*
Saturn

107

Fànais agus siubhal fànais

Siubhal fànais • *Space travel*

Tha daoine air a bhith a' rannsachadh fànais o chionn còrr agus 50 bliadhna. Tha rocaidean cumhachadach a' cur air falbh spàil fànais agus soithichean fànais eile dhan àile. Tha sgrùdairean is stèiseanan fànais a' rannsachadh fànais, agus tha rèabhairean is lanndairean a' rannsachadh phlanaidean eile. Tha cuid de shoithichean fànais a' giùlain speuradairean ach tha mòran dhiubh air an obrachadh le ròbatan.

Humans have been exploring space for over 50 years. Powerful rockets launch space shuttles and other spacecraft into space. Probes and space stations investigate space, and rovers and landers explore other planets. Some spacecraft carry astronauts, but many are operated by robots.

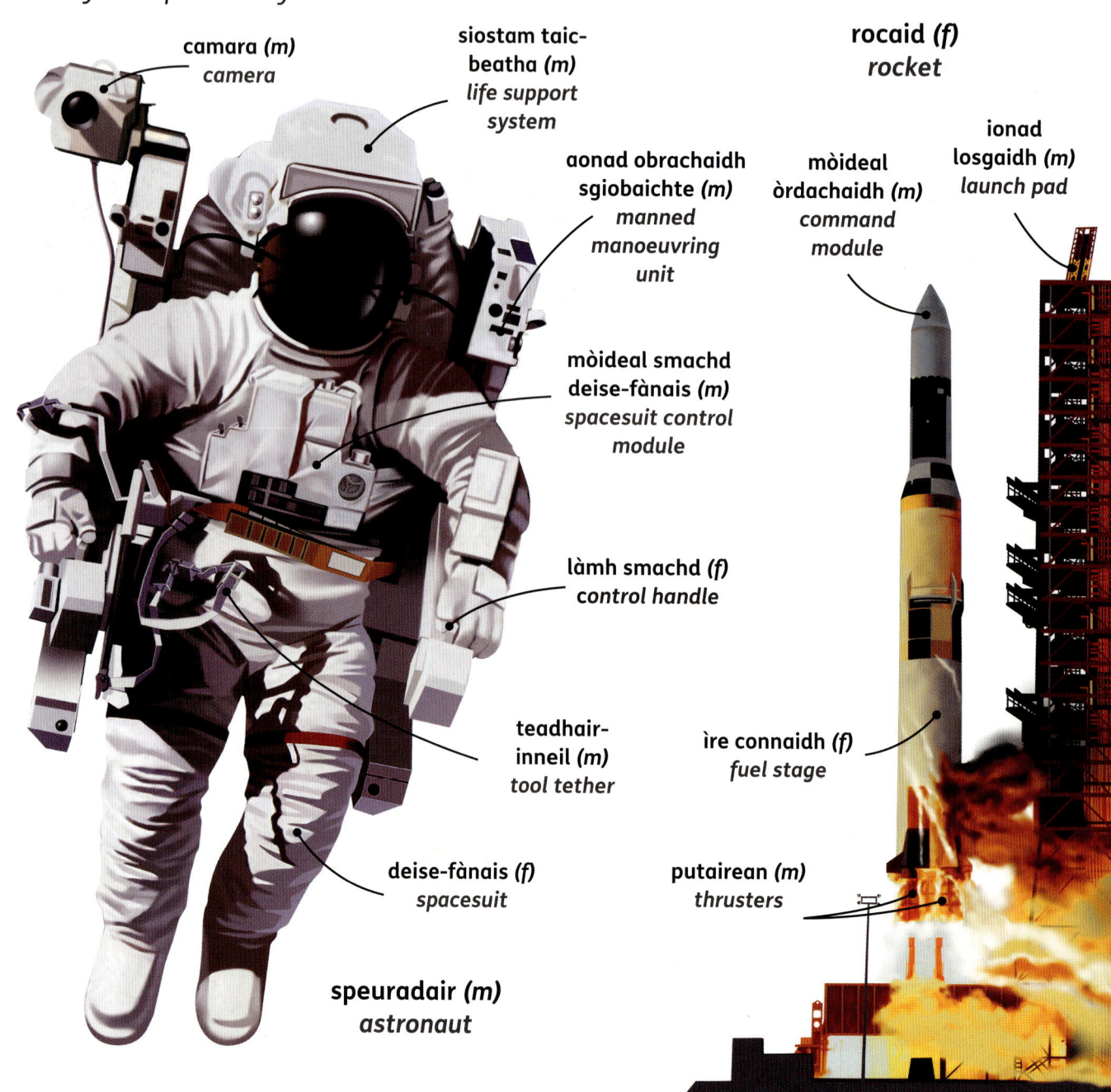

camara (m) — *camera*

siostam taic-beatha (m) — *life support system*

aonad obrachaidh sgiobaichte (m) — *manned manoeuvring unit*

mòideal smachd deise-fànais (m) — *spacesuit control module*

làmh smachd (f) — *control handle*

teadhair-inneil (m) — *tool tether*

deise-fànais (f) — *spacesuit*

speuradair (m) — *astronaut*

rocaid (f) — *rocket*

mòideal òrdachaidh (m) — *command module*

ionad losgaidh (m) — *launch pad*

ìre connaidh (f) — *fuel stage*

putairean (m) — *thrusters*

Space and space travel

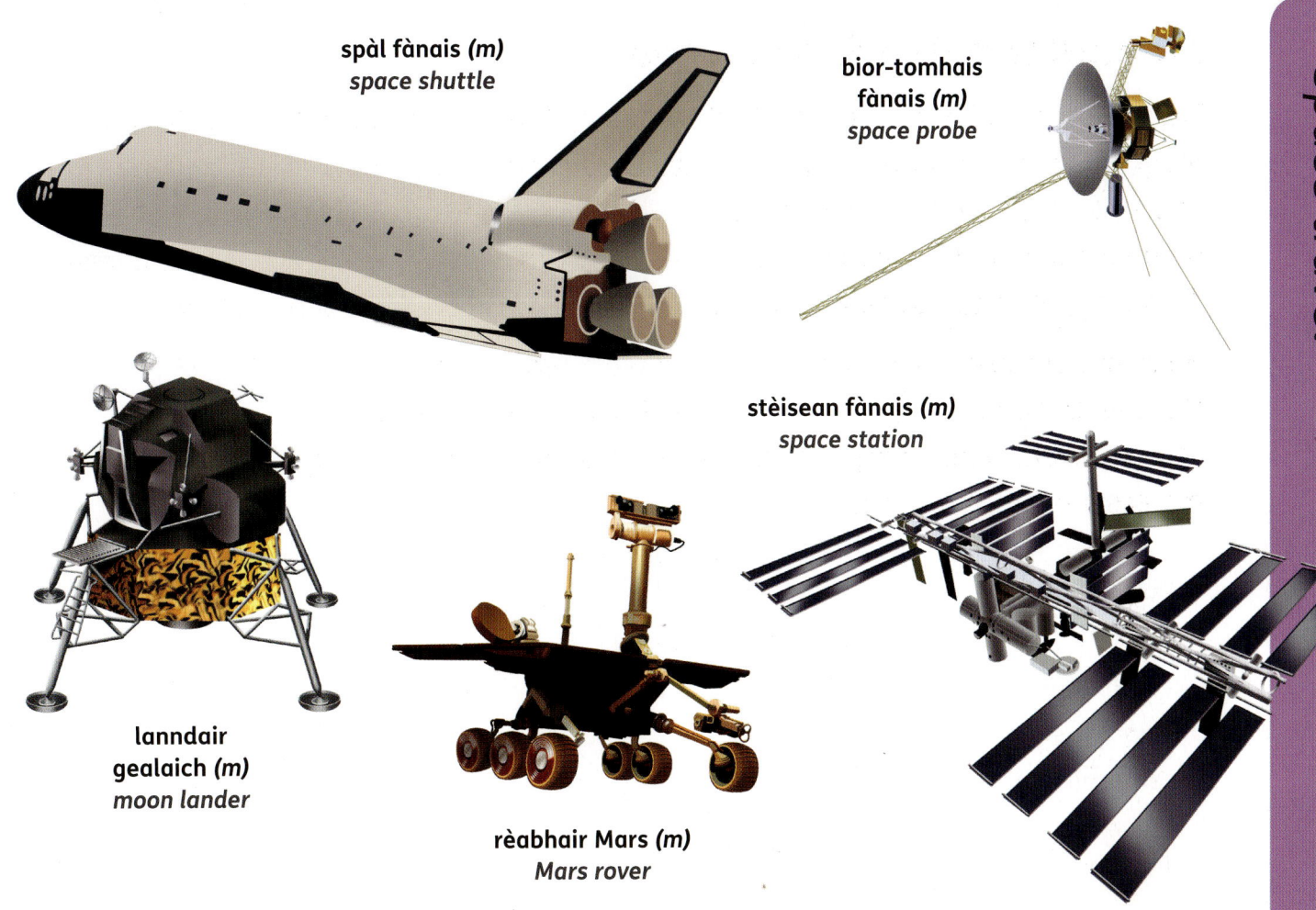

spàl fànais (m)
space shuttle

bior-tomhais fànais (m)
space probe

stèisean fànais (m)
space station

lanndair gealaich (m)
moon lander

rèabhair Mars (m)
Mars rover

Space travel

Saidealan (m) • Satellites

Tha saidealan a' cuairteachadh na Talmhainn. Thathar gan cleachdadh airson deilbh a thogail, airson teachdaireachdan a liubhairt agus airson sùil a chumail air an t-sìde.

Satellites orbit the Earth. They are used to take photographs, to transmit messages, and to track the weather.

saideal amhairc na talmhainn (m)
earth observation satellite

saideal sìde (m)
weather satellite

saideal conaltraidh (m)
communications satellite

109

Cunntadh, àireamhan agus tomhais

Àireamhan • *Numbers*

0	neoni (f)	*zero*
1	a h-aon	*one*
2	a dhà	*two*
3	a trì	*three*
4	a ceithir	*four*
5	a còig	*five*
6	a sia	*six*
7	a seachd	*seven*
8	a h-ochd	*eight*
9	a naoi	*nine*
10	a deich	*ten*
11	aon-deug	*eleven*
12	dhà-dheug	*twelve*
13	trì-deug	*thirteen*
14	ceithir-deug	*fourteen*
15	còig-deug	*fifteen*
16	sia-deug	*sixteen*
17	seachd-deug	*seventeen*
18	ochd-deug	*eighteen*
19	naoi-deug	*nineteen*
20	fichead	*twenty*
21	fichead 's a h-aon	*twenty-one*
22	fichead 's a dhà	*twenty-two*
23	fichead 's a trì	*twenty-three*
24	fichead 's a ceithir	*twenty-four*
25	fichead 's a còig	*twenty-five*
30	trithead	*thirty*
40	ceathrad	*forty*
50	caogad	*fifty*
60	seasgad	*sixty*
70	seachdad	*seventy*
80	ochdad	*eighty*
90	naochad	*ninety*
100	ceud	*a hundred, one hundred*
101	ceud 's a h-aon	*a hundred and one, one hundred and one*

1,000 mìle — *a thousand, one thousand*

10,000 deich mìle — *ten thousand*

1,000,000 millean — *a million, one million*

1,000,000,000 mìle millean — *a billion, one billion*

1st	1d	a' chiad	*first*
2nd	2na	an dàrna	*second*
3rd	3mh	an treas	*third*
4th	4mh	an ceathramh	*fourth*
5th	5mh	an còigeamh	*fifth*
6th	6mh	an siathamh	*sixth*
7th	7mh	an seachdamh	*seventh*
8th	8mh	an t-ochdamh	*eighth*
9th	9mh	an naoidheamh	*ninth*
10th	10mh	an deicheamh	*tenth*
11th	11mh	a' chiad .... deug	*eleventh*
12th	12mh	an dàrna .... deug	*twelfth*
13th	13mh	an trèas .... deug	*thirteenth*

Counting, numbers, and measurements

14th   14mh   an ceathramh.......... deug
fourteenth

15th   15mh   an còigeamh .... deug
fifteenth

16th   16mh   an siathamh .... deug
sixteenth

17th   17mh   an seachdamh .... deug
seventeenth

18th   18mh   an t-ochdamh .... deug
eighteenth

19th   19mh   an naoidheamh .... deug
nineteenth

20th   20mh   am ficheadamh
twentieth

21st   21mh   a' chiad .... air fhichead
twenty-first

30th   30mh   an tritheadamh • *thirtieth*
40th   40mh   an ceathradamh • *fortieth*
50th   50mh   an caogadamh • *fiftieth*
60th   60mh   an seasgadamh • *sixtieth*
70th   70mh   an seachdadamh • *seventieth*
80th   80mh   an t-ochdadamh • *eightieth*
90th   90mh   an naochadamh • *ninetieth*

100th   100mh   an ceudamh
one hundredth

1,000th   1000mh   am mìleabh
one thousandth

Bloighean (m)
Fractions

leth *(m)* • *half*
trian *(m)* • *third*
cairteal *(m)* • *quarter*
ochdamh *(m)* • *eighth*

Tomhaisean (m)
Measurements

milemeatair *(m)* • *millimetre*
ceudameatair *(m)* • *centimetre*
meatair *(m)* • *metre*
cilemeatair *(m)* • *kilometre*
gram *(m)* • *gram*
cileagram *(m)* • *kilogram*
tunna *(m)* • *tonne*
mileliotair *(m)* • *millilitre*
ceudaliotair *(m)* • *centilitre*
liotair *(m)* • *litre*
celsius • *celsius*
centigrèid • *centigrade*

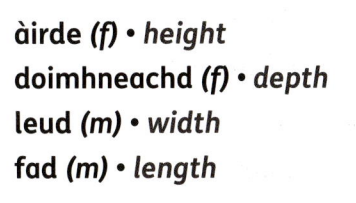

àirde *(f)* • *height*
doimhneachd *(f)* • *depth*
leud *(m)* • *width*
fad *(m)* • *length*

Facail matamataigeach
Maths words

iomadaich • *multiply*
cuir ri • *add*
thoir air falbh • *subtract*
roinn • *divide*

Mìosachan agus tìde

Làithean na seachdaine (m)
Days of the week

- Diluain (m) — Monday
- Dimàirt (m) — Tuesday
- Diciadain (m) — Wednesday
- Diardaoin (m) — Thursday
- Dihaoine (m) — Friday
- Disathairne (m) — Saturday
- Didòmhnaich (m) / Latha na Sàbaid (m) — Sunday

Mìosan (f) • Months

- am Faoilleach (m) — January
- an Gearran (m) — February
- am Màrt (m) — March
- an Giblean (m) — April
- an Cèitean (m) — May
- an t-Ògmhios (m) — June
- an t-Iuchar (m) — July
- an Lùnastal (m) — August
- an t-Sultain (f) — September
- an Dàmhair (f) — October
- an t-Samhain (f) — November
- an Dùbhlachd (f) — December

Ràithean (f) • Seasons

- earrach (m) — spring
- samhradh (m) — summer 
- foghar (m) — autumn 
- geamhradh (m) — winter 

Facail ama • Time words

mìle bliadhna (f) — millennium	linn (f) — century	bliadhna (f) — year
mìos (f) — month	seachdain (f) — week	latha (m) — day
uair (f) — hour	mionaid (f) — minute	diog (m) — second

Àm (m) • Times of day

- camhanaich (f) — dawn
- madainn (f) — morning
- meadhan-latha (m) — midday
- àrd-fheasgar (m) — afternoon
- feasgar (m) — evening
- oidhche (f) — night
- meadhan-oidhche (f) — midnight

Calendar and time

Ag innse na h-uarach • Telling the time

9:00
naoi uairean, 9m
nine o'clock

9:05
còig mionaidean an dèidh a naoi, 9.05m
five past nine

9:10
deich mionaidean an dèidh a naoi, 9.10m
nine ten, ten past nine

9:15
cairteal an dèidh a naoi, 9.15m
nine fifteen, quarter past nine

9:20
fichead mionaid an dèidh a naoi, 9.20m
nine twenty, twenty past nine

9:25
còig mionaidean fichead an dèidh a naoi, 9.25m
nine twenty-five, twenty-five past nine

9:30
leth-uair an dèidh a naoi, 9.30m
nine thirty, half past nine

9:35
còig mionaidean fichead gu a deich, 9.35m
nine thirty-five, twenty-five to ten

9:40
fichead mionaid gu a deich, 9.40m
nine forty, twenty to ten

9:45
cairteal gu a deich, 9.45m
nine forty-five, quarter to ten

9:50
deich mionaidean gu a deich, 9.50m
nine fifty, ten to ten

9:55
còig mionaidean gu a deich, 9.55m
nine fifty-five, five to ten

113

Dathan is cumaidhean • Colours and shapes

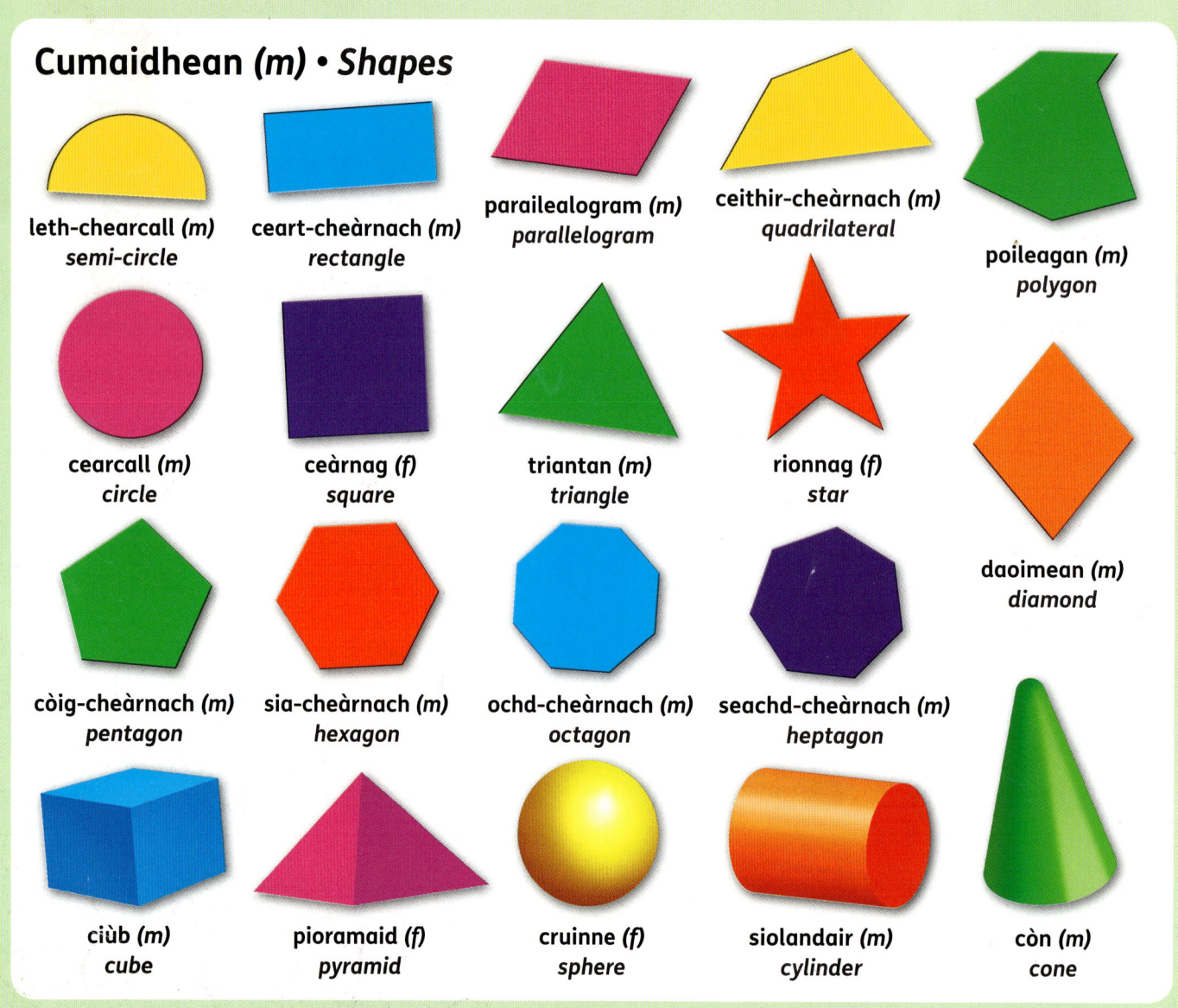

Dathan (m) • Colours

dearg / red	gorm / blue	uaine / green	buidhe / yellow	dubh / black
orains / orange	donn / brown	pinc / pink	purpaidh / purple	glas / grey
				geal / white

Cumaidhean (m) • Shapes

- leth-chearcall (m) / semi-circle
- ceart-cheàrnach (m) / rectangle
- parailealogram (m) / parallelogram
- ceithir-cheàrnach (m) / quadrilateral
- poileagan (m) / polygon
- cearcall (m) / circle
- ceàrnag (f) / square
- triantan (m) / triangle
- rionnag (f) / star
- daoimean (m) / diamond
- còig-cheàrnach (m) / pentagon
- sia-cheàrnach (m) / hexagon
- ochd-cheàrnach (m) / octagon
- seachd-cheàrnach (m) / heptagon
- ciùb (m) / cube
- pioramaid (f) / pyramid
- cruinne (f) / sphere
- siolandair (m) / cylinder
- còn (m) / cone

Facail ceart-aghaidh is àite • Opposites and position words

Ceart-aghaidhean (m)
Opposites

- mòr – beag
  big – small
- glan – salach
  clean – dirty
- tiugh – tana
  fat – thin
- làn – falamh
  full – empty
- àrd – ìosal
  high – low
- teth – fuar
  hot – cold
- fosgailte – dùinte
  open – closed
- trom – aotrom
  heavy – light
- àrd – sàmhach
  loud – quiet
- cruaidh – bog
  hard – soft
- fada – goirid
  long – short
- soilleir – doilleir
  light – dark
- tioram – fliuch
  dry – wet
- luath – mall
  fast – slow

Facail àite
Position words

air *on*	dhe *off*
fo *under*	thar *over*
ri taobh *next to*	eadar *between*
os cionn *above*	fo *below*
air beulaibh *in front*	air cùlaibh *behind*
fada *far*	faisg *near*

Clàr-amais Gàidhlig • *Gaelic index*

a' cur tadhal 39	àrdaichear sgithidh (m) 55	biastag leapa (f) 83	brot fheanntag (m) 25
a' dol suas! **55**	àrdchlàr (m) 104	bine sgudail (m) 94	brù (f) 83
a h-uile seòrsa aodach 30	àrd-ùrlar (m) 50	biorach (f) 79	brù-dhearg (m) 86
a h-uile seòrsa biadh 24	àrmaidile (m) 85	biorain-ithe (m) 20	bruis-fhiaclan (f) 21
a h-uile seòrsa bùth 95	asal (m) 75	bioran-cuimhne (m) 71	bruis-pheantaidh (f) 45
a h-uile seòrsa obair 34	asnaichean (f) 14	bior-iasg (m) 78	buabhall uisge (m) 74
a h-uile seòrsa plannt........... 90	athair (m) 10	biorra-crùidein (m) 86	buail............................... 40
a h-uile seòrsa stuth 64	ath-chleachdadh (m) 103	bior-tomhais fànais (m)...109	bùidsear (m) 95
abhacàdo (m) 26	ath-chuairteachadh (m)........ 103	bith-lùth (m) 62	buidsidh (m) 75
acair (m) 61	bailidh (f) 49	**blas (m)** **16**	**buill (m)** **15**
acfhainn (f) 21	bailiùn èadhair theth (m) 59	blàth 101	buill làmh-chleasachd 42
ad (f) 29	**bailtean is bailtean-mòra**....... **92**	blobhsa (m) 31	buill-feòla (m) 24
ad àrd (f) 31	bainne (m) 22	blog (m) 70	bumpar (m) 54
ad chruaidh (f) 37	ball-basgaid (m) 39	**bloighean (m)** **111**	bun-dùn na mara (m) 80
adha (m) 15	ball-beusa (m) 38	bò (f) 75	buntàta (m sing) 23, 27, 96
adhbrann (f) 13	ball-coise (m) 38, **39**, 42	bòbhlaig.............................. 40	burgar (m) 24
ag innse na h-uarach **113**	ball-làmhaich (m) 38	**bodhaig (f)** **13**	but (m) 54
ailbhean (m) 72	bambù (m) 91	bog 16, 65	bùth aodaich (f) 95
ailigeutair (m) 77	bana-ìmpire Iapànach (f) 30	bogha (m) 47	bùth bhròga (f) 95
ailtire (m) 34	banaltram (f) 35	boghadaireachd (f) 38	bùth dhèideagan (f)............... 95
ainle (f) 83	banana (m) 27	boglach (f) 99	bùth ghibhtean (f) 95
air an eadar-lìon 70	banca (m) 94	bogsa puist (m) 94	bùth ghoireasan (f) 94
air an tuath 96	bann fuilt (m) 28	bolgan (m) 63	bùth pheataichean (f) 95
air bhioran 17	bannan (m) 21	bonaid (m) 54	bùth shiùcaran (f) 95
air (mo) bhòradh 17	banrigh mheadhan-aoiseil (f)	bòrd (f) 19	buthaid (f) 87
air sràid **94**	 30	bòrd gearraidh (m) 20	bùthal (m) 69
àireamhair (m) 33	baodhbab (f) 88	bòrd-clapaidh (m) 50	bùth-fhlùraichean (f) 95
àireamhan **110**	bàr smachd (m) 58	bòrd-luinge (m) 61	bùth-leabhraichean (f) 94
airgead (m) 65	bara-cuibhle (m) 97	bòrd-seòlaidh (m) 60	bùth-phàipearan (f) 95
aiseal (f) 69	**bàrr (m) agus measan (m)** ... **96**	bòrd-spèilidh (m) 42	cabadaich 70
aithriseachd nàdair (f) 53	bàrr-bhalla (m) 66	bòrd-tàileisg (m) 42	càball bùlais (m) 67
àm (m) **112**	basgaid (f) 59	bradan (m) 79	cabhsair (m) 94
am broinn beinn-theine **105**	bàta iomraidh (m) 61	bras-shruthan (m) 99	cactas (m) 91
am broinn do bhodhaig 14	bàta-aiseig (m) 60	bratag (f) 83	cafaidh (m) 94
am broinn na Talmhainn 104	bàta-foluaimein (m) 61	bràthair (m) 10	caibineat (m) 21
am broinn ubhail 27	bàta-motair (m) 60	breab peanais (f) 39	cailc (f) 45
amais air 41	bataraidh (m) 63	breab shaor (f) 39	cailleach-oidhche (f) 85
amar (m) 19	bàta-seòlaidh Arabach (m) 61	breab 40	caimileon (m) 76
amhach (f) 13	beàrnan-brìde (m) 91	breabadair ladhrach (m) 82	càise (m) 23
an caraid as fheàrr (m) 11	**beathaichean obrach**.......... **74**	breabadair mara (m) 80	caisteal (m) 66
An Còras-grèine **106**	bèicear (m) 95	breac (f) 79	càl (m) 27
an Talamh.......................**104**	bèilear (m) 97	briogais ghoirid (f sing) 29	camara (m) 50, 108
anns a' chidsin 20	beinn (f) 98	bris-dannsa (m) 49	camara didseatach (m) 71
anns an sgoil....................... 32	beul (m) 12	brisgeanan (m) 23	càmhal (m) 72
anns an t-seòmar-ionnlaid 21	Beurla (f) 33	brobhsaich.......................... 70	cangarù (m) 73
antaidh (f) 11	beus dùbailte (m) 47	broc (m) 84	caolan (m) 15
aodach làitheil **28**	beus-fhidheall (f) 47	bròg na cuthaig (f) 90	caol-dùirn (m)...................... 13
aodann (m) **12**	bhana liubhairt (f) 57	brògan (f) 28, 29	**caomhnadh cumhachd (f)** ...**103**
aonad obrachaidh sgiobaichte	bhana-campachaidh (f) 54	brògan ball-coise (f) 29	caora (f) 74
(m) 108	Bheunas (f) 106	brògan dìon-teine (f) 37	caraidean (m) 11
aotroman (m) 15	biadh (m) 27	brògan-trèanaidh (f) 28	carbad muir-thìreach (m) 57
aparan (m) 31	**biadh is deoch** **22**	broilleach (m) 13	carbad poilis (m) 57
aran (m) 23	biadh mìorbhaileach	brònach (m) 17	carbad trom-bhathar (m) 57
àrd 16	neo-àbhaisteach **25**	brot (m) 24	**carbadan adhair** **58**

116

Clàr-amais Gàidhlig • *Gaelic index*

carbadan luchd-siubhail **54**
carbadan obrach **56**
carbad-càbaill *(m)* 55
carbad-eiridinn *(m)* 57
carbad-sneachda *(f)* 57
carbad-spòrs uidheamaichte
  (m) 55
càrdagan *(m)* 28
càr-oighreachd *(m)* 54
carran mantais *(m)* 80
càr-spòrs *(m)* 54
cartùn *(m)* 44, 53
cas *(f)* 13
casachain *(m)* 28
casan losgainn *(f)* 25
cat *(m)* 75
catamaran *(m)* 61
ceangail 70, 71
ceanglachan *(m)* 70
ceann *(m)* 13, 83
ceannaiche-glasraich *(m)* 94
ceann-fionn *(m)* 80
ceapaire *(m)* 24
cearban Ghronnlainn *(m)* 80
cearban mòr geal *(m)* 78
cearban muic-mhara *(m)* 80
cearc *(f)* 24, 75
cearc Fhrangach *(f)* 75
ceàrnaidh *(f)* pòlarach 99
ceàrnan *(m)* 83
cèicichean-cupa *(m)* 25
ceimigear *(m)* 95
cèir *(m)* 64
cèis *(f)* 59
cèis sgèithe *(f)* 83
Ceòl *(m)* 33
ceòl anaim *(m)* 49
ceòl cruinne *(m)* 49
ceòl is dannsa **48**
ceòl pop *(m)* 48
ceòl rap *(m)* 49
ceòl reigidh *(m)* 49
ceòthach 100
**ciadfathan agus
  faireachdainnean** **16**
cidhe *(m)* 67
cidhis *(f)* 37
cidsin *(m)* 19
ciomòna *(m)* 30
clach *(f)* 65
cladach *(m)* 98
claigeann *(m)* 14
clàirneid *(f)* 46
claisneachd *(f)* **16**

clàr balla *(m)* 32
clàr DVD *(m)* 42
clàr-ama *(m)* 32
clàrsach *(f)* 47
clasaigeach 48
cleasaiche *(m)* 50
cleòca *(m)* 30
cliathan *(m)* 14
clò-bhuail 71
clogaid *(f)* 30, 37
clogan *(m)* 31
clogan rubair *(f)* 36
clòimh *(m)* 64
clò-sgrìobh 71
cluas *(f)* 12
cluasanan *(m)* 42
cluicheadair aghaidh *(m)* 39
cluicheadair ciùil *(m)* 42
cluicheadair dìon *(m)* 39
cluicheadair MP3 *(m)* 71
cnàimh an uga *(m)* 14
cnàimh-droma *(m)* 14
cnàimhneach *(m)* **14**
cnoc *(m)* 104
cobra Èipheiteach *(m)* 77
còcaire *(m)* 35
cofaidh *(m)* 22
coi-charbhan *(m)* 79
coidse *(f)* 55
coileach *(m)* 75
coille *(f)* sìor-ghorm 98
coille-uisge *(f)* 98
coimpiutair *(m)* 70
**coimpiutairean agus
  innleachdan eileagtronaigeach**
  .... **70**
coimpiutair-glùine *(m)* 71
còinneach *(f)* 91
coirce *(m sing)* 23
coirce-milis *(m)* 27
coire *(m)* 20
coiridh *(m)* 24
colbh *(m)* 67
comadaidh *(m)* 52
comhachag *(f)* 85
còmhdach giùrain *(m)* 79
consoil gheamannan *(f)* 42
co-oghaichean *(m)* 11
copar *(m)* 65
corra-chagailte *(f)* 76
corragan *(f)* 13
corra-ghritheach *(f)* 86
còta *(m)* 29
cotan *(m)* 21, 64

co-thàthadair *(m)* 46
crann *(m)* 56, 60
crann conaltraidh *(m)* 66
crann rèidio *(m)* 67
crann sneachda *(m)* 57
crann-ola *(m)* 89
crann-sgòide *(m)* 60
crann-tarsainn *(m)* 69
craobhan is preasan **88**
craobh-pailm *(f)* 88
craobh-sìce *(f)* **89**
crèadh modailidh *(f)* 45
creag *(f)* 105
creutairean mara **80**
creutairean oidhche **84**
criathar *(m)* 20
cridhe *(m)* 15
criogaid *(f)* 39
crios cuideim *(m)* 36
crios innealan *(m)* 37
crios-meadhain *(m)* 101
crò bheathaichean *(f)* 97
crogall *(m)* 77
crom-lus *(m)* 90
cruachan *(m)* 14
cruaidh *(m)* 65
cruinne *(m)* 33
Cruinn-eòlas *(m)* 33
cruinn-shloc *(f)* 105
cruithneachd *(f)* 96
cruithneachd Ìnnseanach *(f)*
  96
crùn *(m)* 30
cruthaich 71
cruthan-tìre is àrainnean ... **98**
cù chaorach *(m)* 74
cù teasairginn nam beann *(m)*
  75
cuach-mhullaich *(f)* 67
cuairt-dealain *(f)* **63**
cuan *(m)* 98, 105
cuaranan *(m)* 30
cucair *(m)* 19
cuibhle *(f)* 69
cuilc-shiùcair *(f)* 96
cuileag *(m)* 82
cuileann *(m)* 89
cuir ann 71
cuir a-steach 71
cùirtearan *(m)* 50
culaidh *(f)* 50
cularan mara *(m)* 80
cumhchd gaoithe *(m)* 62
cumhchd niùclasach *(m)* 63

cumhachd uisge-dealain *(m)*
  62
cumhachdan ann an gnìomh
  .... **68**
cumhachdan is innealan **68**
**cunntadh, àireamhan
  agus tomhais** **110**
curachan *(m)* 61
currac *(m)* 28, 36
currain *(m)* 26
cuthag *(f)* 86
dachaigh **18**
**dachaighean mun cuairt
  an t-saoghail** **18**
dàibhear *(m)* 36
dàibhig 40
dannsa *(m)* **49**
dannsa tap *(m)* 49
dannsa-bàil *(m)* 49
dannsair *(m)* 50
daolag dhearg-bhreac *(f)* 83
daolag-adhrach *(f)* 82
darach *(m)* 88
dathach 16
dathan is cumaidhean **114**
dathan pastail *(m)* 45
dathan-uisge *(m)* 45
dealan-dè *(m)* 83
dealbh *(f)* 44
dealbh neo-bheò *(f)* 44
dealbh-camara *(f)* 44
dealbh-tìre dath-uisge *(f)* 44
dèan lethbhreac-gleidhidh 71
dearbh litreachadh 71
dearc-luachrach *(f)* 77
deargann *(f)* 83
deasaich 71
deasg *(m)* 33
deic *(f)* 67
deireadh *(m)* 61
deise *(f)* 31
deise armachd *(f)* 30
deise dìon-teine *(f)* 37
deise fhliuch *(f)* 36
deise-fànais *(f)* 108
deoch ghasach *(f)* 22
deochan *(f)* **22**
deuchainn *(m)* 33
diagram cuairt-dealain *(m)* .. **63**
diàs *(m)* 48
dinichean *(m)* 28
dìonach 65
diùdo *(m)* 39
do bhodhaig **12**

117

Clàr-amais Gàidhlig • *Gaelic index*

doilleir 65
doineann *(f)* 101
doirbeag *(f)* 79
dona 16
doras *(m)* 19
dorch 65
dòrnag *(f)* 30
dòrtadh ola *(m)* 103
dràgan Comòdo *(m)* 76
dràibhear bus *(m)* 34
drannd-eun *(m)* 87
dreag *(f)* 107
dreasa *(f)* 28
drile dealain *(f)* 37
drochaid-chrochte *(f)* **67**
druim *(m)* 13
drumaichean *(m)* 47
drumaichean-làimhe *(f)* 47
dubh às 71
dubhagan *(f)* 15
duilleag *(f)* 91
duilleagan *(f)* 89
duilleag-dachaigh *(f)* 70
duiseal *(f)* 46
each *(m)* 74
each-aibhne *(m)* 72
Eachdraidh *(f)* 33
each-mara *(m)* 80
each-uisge *(m)* 80
eagalach 17
eaglais *(f)* 67
Ealain *(f)* **44**
ealain *(f)* 33
eanchainn *(f)* 15
eas *(m)* 99
easgann *(f)* 78
eigh-shruth *(m)* 98
einnsean diet *(m)* 59
einnsean smàlaidh *(m)* 57
Eitean *(m)* 27
eitean cruaidh a-staigh *(m)*
.... 104
eitean sruthach a-muigh *(m)*
.... 104
e-leughadair *(m)* 71
eòin **86**
eun frigeid *(m)* 87
facail ama **112**
facail ceart-aghaidh is àite
.... **115**
facail fànais **107**
facail teòthachd **101**
faiche *(f)* 104
faidhbhile *(f)* 88

faidhle *(m)* 33
fàileadh *(m)* **16**
failmean *(m)* 14
fallainn *(f)* 104
falmadair *(m)* 59
falt *(m)* 12
famh sròn-rionnaig *(f)* 73
fang *(f)* 87
faoin 17
fàsach *(f)* 98
fearann *(m)* coillteach 98
feargach 17
fear-tàileisg *(m)* 42
feartan tìre **104**
fèileadh *(f)* 31
fèith *(f)* 14
feòil *(f)* 23
feòrag *(f)* 73
feothan *(m)* 85
feur pampas *(m)* 91
fiaclan *(f)* 12
fiadh *(m)* 73
ficsean saidheans *(m)*
  is sgeul-mhìorbhail *(f)* 52
fidheall *(f)* 47
figis *(f)* 26
fiodh *(m)* 64
fìon-dhearcan *(f)* 96
fionnan-feòir *(m)* 83
fionnar 101
flamainge *(m)* 87
flataichean àrda *(f)* 67
fleòdragan *(m)* 58
fliopar *(m)* 36
fliuch 16, 100
flùr *(m)* 91
flùr-bhileag *(f)* 91
foileagan *(f)* 25
fòn-làimhe *(f)* 71
for-uinneag *(f)* 67
fradharc *(m)* **16**
frasair *(m)* 19
freumh *(f)* 89, 91
fuar 16, 101
fuineall *(m)* 61
gailleann-duslaich *(f)* 101
gailleann-meallain *(f)* 101
gàirdean *(m)* 13
gàireachdaich 17
gaisgeach samuraidh
  Iapànach *(m)* 30
gànrachadh uisge *(m)* 102
gaotharan *(m)* 30
garbh 65

gas *(m)* 27, 91
gas duilleig *(m)* 91
gas nàdarrach *(m)* 63
gath *(m)* 82
gath manta *(m)* 78
gato *(m)* 25
gèadh *(f)* 75
gealach *(f)* 107
Geal-shruth nan Speur *(m)* 107
gèam bùird *(m)* 42
**geamannan agus
  cur-seachadan** **42**
geanm-chnò *(f)* 88
geàrr 71
gearra-mhuc *(f)* 75
geastag *(f)* 79
geimhleag *(f)* 69
geòla bheag *(f)* 61
geug *(f)* 89
geur 16
gheat *(f)* 60
gibearnach mòr *(f)* 80
giomach *(f)* 80
giotàr *(m)* 47
giùlanair charbadan *(m)* 57
giuthas *(m)* 88
glac 41
glaidhd 41
glaidhdear *(m)* 59
glainne *(f)* 64
glainne dhathte *(f)* 45
glasraich *(f sing)* 23
gleann *(m)* 104
gleansach 65
gleicean *(m)* 42
gleoc *(m)* 32
gliog 71
glùin *(f)* 13
gnàth-shìde mheasarra *(f)* 101
gnàth-shìde thropaigeach 101
gnèithean stuthan **65**
gnìomh *(m)* is dànachd *(f)* 52
gnìomhan coimpiutair **71**
gob-adhairc clogaideach *(m)*
.... 87
gobhar *(m)* 74
gòbhlag *(f)* 83
gòbhlan-gaoithe *(m)* 86
gob-leathan uisge *(m)* 87
goilf *(m)* 39
goiriola *(m)* 73
graifitidh *(m)* 45
gràineag *(f)* 84
gràineas *(m)* 85

greimeagan *(m)* **24**
greimeagan Spàinneach *(m)* .. 25
greimiche sligeach *(m)* 80
greimire *(m)* 20
grèis-bhrat *(m)* 45
Grian *(f)* 106
grianach 100
gril rèididheator *(f)* 54
grioglachan *(m)* 107
gruaidhean *(f)* 12
guailnean *(m)* 13
gual *(m)* 63
gual-fiodha *(m)* 45
gucag *(f)* 91
gùn lannsaireachd *(m)* 36
haidreafòidhl *(f)* 60
hamstair *(m)* 75
heileacoptair *(m)* 58
hocaidh deighe *(m)* 39
iadhaire *(m)* 82
ialtag *(f)* 84
ialtag-fala *(f)* 84
iarann *(m)* 65
iasg *(m)* 23, 78
iasg dathtach tropaigeach *(m)*
.... 79
iasg itealaich *(m)* 80
inbhir *(m)* 99
inneal fogharaidh *(m)* 97
innealan ciùil **46**
innealan sìmplidh *(m)* **69**
innealan tuathanais *(m)* **97**
innearadh *(m)* 103
innleadair *(m)* 34
innleadair fuaim *(m)* 50
ìocshlaint *(f)* 21
iògart *(m)* 23
ioguàna *(m)* 76
iò-iò *(m)* 42
iolair *(m)* 87
iom-tharraing *(m)* 68
ionad losgaidh *(m)* 108
ionad-phàipearan *(m)* 94
iongantach is mìorbhaileach
.... **87**
iongnadh *(m)* air 17
ionnsramaidean analach *(f)*
.... **46**
ionnsramaidean faraim *(f)*
.... **47**
ionnsramaidean meur-chlàr *(f)*
.... **46**
ionnsramaidean teudach *(f)*
.... 47

Clàr-amais Gàidhlig • *Gaelic index*

ìre connaidh (f)	108
irean aibhne (f)	99
iris (f)	42
ite (f)	79
ite earbaill (f)	59, 79
itealan-mara (m)	58
iteileag (f)	42
iubhar (m)	88
iùcailioptas (m)	89
Iupatar (m)	106
làbha chruaidh (f)	105
làbha leaghte (f)	105
laghairt (m)	76
làithean na seachdaine (m)	**112**
làma (m)	73
làmh (f)	13, 69
làmh smachd (f)	108
làmh-thuadh (f)	37
lannan (f)	79
lann-cluiche (f)	93
lanndair gealaich (m)	109
lannsa (f)	36
lannsair (m)	**36**
làraidh tasgain (f)	57
lèabag bhreac (f)	79
leabaidh (f)	19
leabhar eacarsaichean (m)	33
leabhar teacs (m)	33
leas-abhainn (f)	99
leasanan (m)	**33**
leathar (m)	64
lèine (f)	28
lèine deise-spòrs (f)	29
lèine spòrs (f)	28
lèine-t (f)	29
leisgeag (f)	73
leòmann (m)	82
leòmann gealaich (m)	84
leòmhann (m)	73
leth-bhràthair (m)	11
leth-phiuthar (f)	11
leum	41
leumadair-mara (m)	80
liagh (f)	20
liagh cuairteachaidh (f)	58
lighiche-sprèidh (m)	34
lilidh (f)	90
lilidh uisge (f)	90
liomaid (f)	26, 89
liomar (m)	84
liopard (m)	72
loch (m)	99
log air	71
log dheth	71
lòn-dubh (m)	86
lorg	70
losgann nan gath puinnseanta (m)	77
luath (f)	105
luathaireach	17
luch (f)	70
luchag (f)	75
lùchairt (f)	67
luchd (f)	69
luchdaich sìos	70
luchdaich suas	70
luchdair cladhaich (m)	56
luchd-èisteachd (m)	50
lurgann (f)	14
lus a' chrom-chinn (m)	90
lus-na-tùise (m)	89
lùth geo-theasach (m)	62
lùth grèine (m)	62
lùth is cumhachd	**62**
lùth làin-mhara (m)	62
lùth-chleasachd (f)	38
madadh-allaidh (m)	84
magnaiteach	65
maicreafòn (m)	50
maighdeag (f)	69
mala (f)	12
mamba uaine (m)	77
manach (m)	79
manaidsear stèidse (m)	50
maoil (f)	12
maracathan (m)	47
marcaich	41
màrlain gorm (m)	78
Mars (m)	106
masga (f)	36
masga dàibhidh (f)	36
Matamataig (f)	33
màthair (f)	10
mathan geal (m)	72
meal-bhuc uisge (m)	27
meanbh-fhrìde gheugach (f)	82
meanbh-fhrìdean agus mion-bhiastagan	**82**
meanbh-phlèana (m)	59
Mearcar (m)	106
measan (m pl)	23
measan is glasraich	**26**
meatair parcaidh (m)	94
meudachd (f)	**111**
meur-chlàr (m)	70
milis	16
mìlsean (m)	23, 25
miomòsa (m)	89
mionaraid (f)	67
mìosachan agus tìde	**112**
mìosan (m)	**112**
miotagan (m)	29
mìrean-measgaichte (f pl)	42
modal (m)	42
mogairle (f)	90
mòideal òrdachaidh (m)	108
mòideal smachd deise-fànais (m)	108
mòinteach (f)	99
moiteil	17
mòr-bhùth (f)	93
mosg (m)	67
mosgìoto (f)	83
motair (m)	63
motair-rothair (m)	54
muc-mhara ghorm (f)	80
muile-mhàgag (f)	77
muir-tiachd mhòr (f)	80
mullach (m)	19, 66
muncaidh (m)	72
nathair corail	77
nathair mara (f)	80
nathair-nimhe (f)	77
nathraichean (f)	**77**
neach-camara (m)	50
neach-gleidhidh (m)	39
neach-lagha (m)	35
neach-naidheachd (m)	35
neach-teagaisg (m)	35
neach-togail (m)	**37**
Neaptun (m)	107
neo-àbhaisteach agus iongantach	**73**
neòinean (m)	91
neòinean-grèine (m)	90
nithean taighe	**20**
nobhail (f)	42
obair-cùrsa (f)	33
obair-dachaigh (f)	33
ochd-chasach (m)	80
ochd-chasach dumbo (m)	80
oide (m)	11
oifigear poilis (m)	35
oifis (f)	92
oifis puist (f)	94
oimeilead (m)	25
ola (f)	63
òr (m)	65
orainsear (m)	27
òrd (m)	37
òrdagan (f)	13
òrgan (m)	46
ospadal (m)	92
pada sgeidsidh (m)	45
pada sgrìobhaidh (f)	33
paella (m)	24
pagòda (m)	66
paidhtean (m)	77
pailead (m)	45
pàipear (m)	64
pàirc chàraichean (f)	93
pàirtean chàraichean	**54**
pàirtean craoibhe	**89**
pàirtean de phlannt blàthach	**91**
pàirtean èisg	**79**
pàirtean soithich	**61**
pangailin (m)	73
pantar (m)	73
partan-tuathail (m)	85
pasgan (m)	24
pasta (m)	23
peann (m)	33
peansail (m)	33
peant ola (m)	45
peapag (f)	26
peapagan (f)	96
peasair (f)	26
peasair nan luch (f sing)	23
peileagan (m)	87
peitean (m)	31
peitseag (f)	26
peucag (f)	86
peur (f)	27
piàna (m)	46
pic (m)	97
pilichean (f)	21
pìoban-pana (f)	46
piobar (m)	26
pìob-uisge (f)	37
piop (m)	27
pioràna (m)	79
piotsa (m)	24
pitheid (f)	75
piuthar (f)	10
plastaig (m)	64
plàstan (m)	21
platapas gob-tuinneige (m)	73
plèana dà-sgiathach (m)	58
plèana-seòlaidh (m)	58
pleit àireimh (f)	54
pleit-broillich (f)	30
plubraich	41
pònair uaine (f)	27

Clàr-amais Gàidhlig • *Gaelic index*

pònairean-sòighe *(f)* 96
pòrsalan *(m)* 64
posam *(m)* 85
post-d *(m)* 70
praigheapan *(m)* 20
pràis *(f)* 65
prìomh chàball *(m)* 67
prìomh chùrsa *(m)* **24**
prìomhaid cnuimh-itheach *(m)*
.... 85
prògram chleasan *(m)* 53
prògram còmhraidh *(m)* 53
prògram naidheachdan *(m)* ... 53
prògram oillte *(m)* 52
prògram spòrs *(m)* 53
**prògraman TBh agus
  fiolmaichean** **52**
proipeilear *(m)* 58
pròiseact *(f)* 33
puinnseanachadh puinnsean
  bhiastagan *(m)* 102
put 68
putairean *(m)* 108
racaid *(f)* 42
ràcan *(m)* 97
racùn *(m)* 85
raineach *(f)* 91
ràithean *(f)* **112**
raointean *(m)* feòir *(m)* 98
rathad *(m)* 94
rèabhair Mars *(m)* 109
rèidh 65
rèididheachd *(f)* 102
rèile-bruthaich *(f)* 55
rèitire *(m)* 39
reòiteag *(f)* 25
reòthte 101
reul *(f)* 107
reul-chrios *(m)* 107
ridire meadhan-aoiseil *(m)* ... 30
riochdaire *(m)* 50
rionnach *(m)* 79
roc *(m)* 48
rocaid *(f)* 108
roile *(f)* 24
roilear *(m)* 56
roilearan *(m)* 42
Ròmanach àrsaidh *(m)* 30
ròn *(m)* 80
ròpa *(m)* 69
ròs *(m)* 90
ròs-Moire *(m)* 89
rothadaireachd *(f)* 38
rothair *(m)* 55

rothair ceithir-rothach *(m)* 97
rothair-cumhachd *(m)* 55
ruadh-fhiodh *(m)* 88
ruamhair *(m)* 56
ruathar *(m)* 68
rubair *(m)* 33, 64
rugbaidh *(m)* 38
rùilear *(m)* 33
rus *(m)* 23, 96
rùsg *(m)* 27, 89, 104
sàbh *(m)* 37
sàbhail 71
sabhal *(m)* 97
sàbhaladh 39
sàbhaladh cumhachd *(f)* 103
sagsafòn *(m)* 46
saideal amhairc na talmhainn
  (m) 109
saideal conaltraidh *(m)* 109
saideal sìde *(m)* 109
saidealan *(m)* **109**
Saidheans *(m)* 33
sàil *(f)* 13
sailead *(m)* 25
sailead mheasan *(m)* 25
saillte 16
sàmhach 16
sàraidh *(f)* 31
sàrdan *(m)* 79
Satarn *(m)* 107
scunc *(f)* 84
seabra *(m)* 73
seacaid *(f)* 31
seada bleoghain *(f)* 97
seada innealan *(f)* 97
sealladh *(m)* 50
seanair *(m)* 10
seangan *(m)* 83
seanmhair *(f)* 10
sean-seanair *(m)* 10
sean-seanmhair *(f)* 10
searbh 16
seilcheag *(f)* 84
seillean-meala *(m)* 82
seinneadair *(m)* 50
sèithear *(m)* 19
seòl *(m)* 58, 60
seòmar-cadail *(m)* 19
seòmar-ionnlaid *(m)* 19
seòmar-suidhe *(m)* 19
seòrsaichean truaillidh ... **102**
sgàile *(f)* 31
sgairp *(f)* 84
sgamhan *(m)* 15

sgàthan cliathaich *(m)* 54
sgeidse *(f)* 44
sgeileid *(f)* 20
sgian *(f)* 20
sgiath *(f)* 59
sgiorta *(f)* 29
sgoil *(f)* 92
sgòrnan *(m)* 15
sgòthach 100
sgrioban *(m)* 20
sgrion *(m)* 50, 70
sgriubhaire *(m)* 37
sgrolaig *(f)* 71
sgrùd 71
sgudal cunnartach *(m)* 102
siabann *(m)* 21
siampù *(m)* 21
sìde **100**
similear *(m)* 19
sinagog *(f)* 66
since *(f)* 19
sionnach *(m)* 85
siopmunc *(m)* 73
sioraf *(m)* 72
siostam taic-beatha *(m)* 108
siota *(m)* 73
sirist *(f)* 89
siristean *(f)* 27
sitàr *(m)* 47
siubhal fànais **108**
siùcaran *(m)* 23
slacan *(m)* 42
slaman frasair *(m)* 21
slaod 68, 71
sliasaid *(f)* 14
slige *(f)* 58
sligeach mòr *(m)* 80
sligeachan *(m)* 76
sliseagan *(f)* 23
smàladair *(m)* **37**
smiogaid *(f)* 12
smugach 100
smùidear *(m)* 20
snàgairean agus muir-thìrich
  .... **76**
snagan-daraich *(m)* 86
snaigheadh *(m)* 45
snaighidhean *(m)* 66
snàmh *(m)* 39
sneachdach 100
snog 16
snorcal *(f)* 36
soilleir 16
soitheach saideil *(f)* 66

**Soithichean, bàtaichean
  is eathraichean eile** **60**
solas *(m)* 50
solas mòr *(m)* 54
solas sràide *(m)* 94
spaghetti *(m)* 25
spaid *(f)* 97
spaideal *(m)* 20
spàin *(f)* 20
spàl fànais *(m)* 109
spanair *(m)* 37
speach *(f)* 82
speal *(f)* 97
spèil 41
spèileadair lòin *(m)* 82
speuradair *(m)* 108
spong *(m)* 21
spòrs ann an gnìomh ... **40**
spòrs **38**
srannadair *(m)* 63
sròn *(f)* 12
sròn-adhairceach *(m)* 72
sruthan *(m)* 99
stàball *(m)* 97
stad-bus *(m)* 94
stàilinn *(f)* 65
stamag *(f)* 13, 15
staoig *(f)* 24
stàpalair *(m)* 33
stèisean bus *(m)* 92
stèisean fànais *(m)* 109
stèisean smàlaidh *(m)* 92
stìopall *(m)* 67
stiùiriche *(m)* 50
stob 40
stoc *(m)* 29, 89
stocainnean-goirid *(f)* 29
stocainnean-teann *(f)* 29
struth *(m)* 87
suathadh *(m)* **16**
suathadh 68
suathair *(m)* 54
sùbh-làir *(m)* 26
sùgh mheasan *(m)* 22
suidse (air) *(f)* 63
suidse (dheth) *(f)* 63
sùigheach 65
sùil *(f)* 12
sùil fhillte *(f)* 82
tablaid *(f)* 71
tacsaidh *(m)* 55
tadhal *(m)* 39
taidh *(f)* 31
taidhear *(f)* 54

120

Clàr-amais Gàidhlig • *Gaelic index*

taigh air casan *(m)* 18
taigh cruinn *(m)* 18
taigh so-ghiùlaineach *(m)* 18
taigh-beag *(m)* 19
taigh-bìdh *(m)* 93
taigh-còmhnaidh beag *(m)* 18
taigh-dhealbh *(m)* 93
taigh-fiodha *(m)* 18
taigh-òsta *(m)* 93
taigh-sneachda *(m)* 18
taigh-tasgaidh *(m)* 92
taigh-tuathanais *(m)* 97
tàirneanach *(m)* 101
Talamh *(m)* 106
talla bhaile *(f)* 93
tambairin *(m)* 47
tanca èadhair *(f)* 36
tancair *(m)* 60
taois-fhiaclan *(f)* 21
tarantula ròsta *(m sing)* 25
tarbhan-nathrach *(m)* 83
tarbh-chrann *(m)* 56
TBh, fiolm agus theatar **50**
teadhair-inneil *(m)* 108
teaghlach is caraidean **10**
teampall *(f)* 66
teanas *(m)* 38
teanta bhiorach *(f)* 18

teatha *(f)* 22
teatha uaine *(f)* 22
Teicneòlas *(m)* 33
telebhisean *(m)* 19
teoclaid *(m)* 23
teoclaid teth *(m)* 22
teth 16, 101
tilg 40
tiompanan *(m)* 47
tiùna *(m)* 78
tofù *(m)* 25
tòga *(m)* 30
togalaichean agus structaran **66**
togalaichean tuathanais *(m)* **97**
toglaiche àirde *(m)* 56
toilichte 17
toirdse uisge-dìon *(f)* 36
toiseach *(m)* 61
toll dubh *(m)* 107
toll-puirt *(m)* 61
tomàto *(m)* 26
tomhaisea *(m)* **111**
tractar *(m)* 97
tràigh *(f)* 105
trèana *(f)* 55
trìd-shoilleireachd 65

trì-rothach *(m)* 59
troigh *(f)* 13
troimh-a-chèile 17
trombaid *(f)* 46
trosg *(f)* 79
truailleadh èadhair *(m)* 102
truailleadh fuaim *(m)* 102
truailleadh is glèidhteachas **102**
truailleadh solais *(m)* 103
truga dumpair *(f)* 56
truga forca *(f)* 56
truga measgachaidh *(f)* 57
trusgan bainnse *(m)* 31
tuath-cheòl *(m)* 48
tuiliop *(f)* 90
tùit *(m)* 70
tunnag *(f)* 75
tùr *(m)* 67
tùr fodair *(m)* 97
turaban *(m)* 31
turaid *(f)* 66
turtar *(f)* 76
turtar mara *(f)* 80
uanfheòil *(f)* 24
ubhal *(m)* 89
uchd *(f)* 83
uèir *(f)* 63

uidheam agus aodach obrach **36**
uidheam analach *(m)* 37
uidheam laighe *(m)* 58
uidheam neach-ealain *(f)* **45**
uidheam-laighe *(f)* 58
uidheam-taic *(f)* 59
ui-fi *(m)* 70
uighean *(m)* 23
uilinn *(f)* 13
uinneag *(f)* 19, 67
uinneag toisich *(f)* 54
uinnean *(m)* 26
uisge *(m)* 22
uisge searbhaig *(m)* 103
ulag *(f)* 69
umha *(m)* 65
uncail *(m)* 11
uoc *(m)* 20
Urànas *(m)* 107
uthaichean **72**

121

Clàr-amais Beurla • *English index*

abdomen 83	bar 69	budgerigar 75	chin 12
absorbent 65	bark 89	**builder** **37**	china 64
acid rain 103	barn 97	**buildings and structures** **66**	chipmunk 73
action and adventure 52	baseball 38	bulb (light) 63	chips 23
actor 50	basket 59	bulldozer 56	chocolate 23
air pollution 102	basketball 39	bumper 54	chopping board 20
air tank 36	bat (animal) 84	burger 24	chopsticks 20
aircraft **58**	bat (for games) 42	bus driver 34	church 67
alligator 77	bath 19	bus station 92	cinema 93
ambulance 57	**bathroom** **19, 21**	bus stop 94	**cities** **92**
amphibians **76**	bathroom cabinet 21	butcher 95	city hall 93
amphibious vehicle 57	battery 63	butterfly 83	clapperboard 50
anchor 61	beach 105	buzzer 63	clarinet 46
ancient Roman 30	bed 19	cabbage 27	classical music 48
anemone 80	bedbug 83	cable car 55	click 71
angelfish 79	bedroom 19	cactus 91	cliff 105
angry 17	beech 88	cafe 94	cloak 30
animal pen 97	best friend 11	calculator 33	clock 32
ankle 13	bicycle 55	camel 72	clogs 31
ant 83	bioenergy 62	camera 50, 108	**clothes** **28, 30**
antenna 82	biplane 58	camera operator 50	clothes shop 95
aphid 83	**birds** **86**	campervan 54	cloudy 100
apple **27**	black hole 107	canoe 61	coach 55
apple (tree) 89	blackbird 86	cap 28, 36	coal 63
apron 31	bladder 15	car park 93	cockerel 75
archery 38	blog 70	car transporter 57	cockpit 59
architect 34	blouse 31	cardigan 28	cockroach 83
arm 13	blue marlin 78	carrots 26	cod 79
armadillo 85	blue whale 80	cartoon 44, 53	coffee 22
Art **33, 44**	board game 42	carvings 66	cold 16, 101
artist's equipment 45	**boats** **60**	castle 66	collarbone 14
ash 105	**body** **13**	cat 75	colourful 16
astronaut 108	bonnet 54	catamaran 61	**colours** **114**
athletics 38	bookshop 94	catch 41	column 67
attachment 70	boom 60	cello 47	combine harvester 97
audience 50	boot (car) 54	chair 19	comedy 52
aunt 11	boots 29	chalet 18	command module 108
avocados 26	bored 17	chalk 45	communications mast 66
axe 37	bow (boat) 61	chameleon 76	communications satellite 109
axle 69	bow (for an instrument) 47	charcoal 45	composting 103
back 13	bowl 40	chat 70	compound eye 82
back up 71	brain 15	cheeks 12	computer 70
backhoe loader 56	branch 89	cheese 23	**computer actions** **71**
badger 84	brass 65	cheetah 73	**computers and electronic devices** **70**
baker 95	bread 23	chef 35	confused 17
balcony 67	breakdancing 49	chemist 95	connect 70, 71
baler 97	breastbone 14	cherries 27	**conservation** **102, 103**
ballet 49	breastplate 30	cherry (tree) 89	constellation 107
ballroom dancing 49	breathing apparatus 37	cherry picker 56	control bar 58
bamboo 91	bright 16	chess pieces 42	control handle 108
bananas 27	bronze 65	chessboard 42	convenience store 94
bandage 21	brother 10	chest 13	cooker 19
bank 94	browse 70	chicken 24	cool 101
baobab 88	bud 91	chimney 19	

Clàr-amais Beurla • *English index*

copper	65
coral snake	77
core	27
costume	50
cottage	18
cotton	64
cotton wool	21
country	96
coursework	33
cousins	11
cow	75
crane	56
crater	105
cricket	39
crisps	23
crocodile	77
crops and vegetables	**96**
crown	30
crust	104
cuckoo	86
cucumber	27
cupcakes	25
curry	24
curtains	50
cut	71
cycling	38
cymbals	47
daddy long legs	82
daffodil	90
daisy	91
dance	**48, 49**
dancer	50
dandelion	91
days of the week	**112**
deck (boat)	61
deck (bridge)	67
deer	73
defender	39
delete	71
delivery van	57
desert	98
desk	33
dessert	23
dhow	61
digital camera	71
director	50
dive	40
diver	**36**
diving mask	36
dogfish	79
dolphin	80
dome	67
donkey	75
door	19

dormouse	85
double-bass	47
download	70
drag	71
dragonfly	83
dress	28
drinks	**22**
drums	47
duck	75
duck-billed platypus	73
dull	65
dumbo octopus	80
dumper truck	56
dust storm	101
DVD	42
eagle	87
ear	12
earphones	42
Earth	**104, 106**
Earth observation satellite	109
earwig	83
edit	71
eel	78
eggs	23
Egyptian cobra	77
elbow	13
electric drill	37
electrical circuit	**63**
elephant	72
email	70
energy and power	**62**
energy conservation	**103**
energy saving	103
engineer	34
English	33
envelope	59
equator	101
e-reader	71
estate car	54
estuary	99
eucalyptus	89
evergreen forest	98
everyday clothes	**28**
exam	33
excited	17
exercise book	33
eye	12
eyebrow	12
face	**12**
family and friends	**10**
fan	30
farm buildings	**97**
farm house	97
farm vehicles and Machinery	**97**

father	10
feelings	**16**
fern	91
ferry	60
figs	26
file	33
film	**50, 52**
fin	79
fingers	13
fir	88
fire engine	57
fire station	92
firefighter	**37**
fireproof boots	37
fireproof suit	37
fish	23, 78
fish	**78**
fizzy drink	22
flamingo	87
flea	83
flesh	27
flipper	36
float	58
florist	95
flower	91
flute	46
flying fish	80
foggy	100
folk	48
food	**22, 24, 25**
foot	13
football	**38, 39, 42**
football boots	29
forces and machines	**68**
forehead	12
fork	20
forklift truck	56
format	71
fox	85
fractions	**112**
free kick	39
freezing	101
friction	68
fried tarantulas	25
friends	10, 11
frigate bird	87
frogs' legs	25
fruit	23, 26
fruit and vegetables	**26**
fruit juice	22
fruit salad	25
frying pan	20
fuel stage	108
fulcrum	69

funicular railway	55
funnel	61
galaxy	107
game show	53
games and leisure	**42**
games console	42
garage	19
gateau	25
gauntlet	30
Geography	33
geothermal energy	62
giant isopod	80
giant jellyfish	80
giant squid	80
gift shop	95
gill cover	79
giraffe	72
glacier	98
glass	64
glider	59
globe	33
gloves	29
goal	39
goalkeeper	39
goat	74
going up	**55**
gold	65
golf	39
goose	75
gorilla	73
graffiti	45
grandfather	10
grandmother	10
grapes	96
grasshopper	83
grasslands	98
grater	20
gravity	68
great white shark	78
great-grandfather	10
great-grandmother	10
green beans	27
green mamba	77
green tea	22
greengrocer	94
Greenland shark	80
grey wolf	84
guinea pig	75
guitar	47
gymnastics	38
habitats	**98**
hailstorm	101
hair	12
hair band	28

123

Clàr-amais Beurla • English index

hammer	37
hamster	75
hand	13
handle	69
hang-glider	58
happy	17
hard	65
hard hat	37
harp	47
hat	29
hazardous waste	102
head	13, 83
headlight	54
hearing	**16**
heart	15
heavy goods vehicle	57
hedgehog	84
heel	13
helicopter	58
helmet	30, 37
helmeted hornbill	87
hen	75
hermit crab	85
heron	86
hill	104
hip	14
hippopotamus	72
History	33
hit	40
holly	89
home page	70
homes around the world	**18**
homework	33
honeybee	82
horror	52
horse	74
horse chestnut	88
hose	37
hospital	92
hot	16, 101
hot air balloon	59
hot chocolate	22
hotel	93
housefly	82
household objects	**20**
hovercraft	61
hull	58, 61
hummingbird	87
hydroelectric power	62
hydrofoil	60
ice cream	25
ice hockey	39
icy	101
igloo	18
iguana	76
insects and mini-beasts	**82**
insert	71
instruments	**46, 47**
intestine	15
iron	65
jacket	29, 31
Japanese empress	30
Japanese samurai warrior	30
jazz	48
jeans	28
jet engine	59
jigsaw puzzle	42
judo	39
juggling balls	42
jump	41
Jupiter	106
kangaroo	73
kettle	20
keyboard	70
keyboard instruments	**46**
kick	40
kidneys	15
kilt	31
kimono	30
kingfisher	86
kitchen	**19, 20**
kite	42
knee	13
kneecap	14
knife	20
koi	79
Komodo dragon	76
ladle	20
ladybird	83
lake	99
lamb	24
landing gear	58
landing skid	58
landscape features	**104**
landscapes and habitats	**98**
laptop	71
laughing	17
launch pad	108
lavender	89
lawyer	35
leaf	91
leaf stalk	91
leather	64
leaves	89
leg	13
leggings	28
leisure	**42**
lemon (tree)	89
lemons	26
lemur	84
lentils	23
leopard	72
lessons	**33**
lever	69
life support system	108
light pollution	103
lily	90
lion	73
liquid outer core	104
litter bin	94
liver	15
living room	19
lizard	76
llama	73
load	69
lobster	80
log off	71
log on	71
loud	16
lung	15
lunge	40
machinery sheds	97
machines	**68, 69**
mackerel	79
magazine	42
magnetic	65
main cable	67
main courses	**24, 25**
maize	96
mammals	**72**
manned manoeuvring unit	108
manta ray	78
mantis shrimp	80
mantle	104
maracas	47
Mars	106
Mars rover	109
mask	36
mast	60
materials	**64, 65**
Maths	**33, 111**
measurement	**112**
meat	23
meatballs	24
medicine	21
medieval knight	30
medieval queen	30
memory stick	71
Mercury	106
meteor	107
microlight	59
microphone	50
milk	22
milking shed	97
Milky Way	107
mimosa	89
minaret	67
mini-beasts	**82**
minnow	79
mischievous	17
mixer truck	57
mobile phone	71
model	42
modelling clay	45
molten lava	105
momentum	68
monitor screen	50
monkey	72
months	**112**
moon	107
moon lander	109
moor	99
moped	55
mosque	67
mosquito	83
moss	91
moth	82, 84
mother	10, 11
motor	63
motor boat	60
motorbike	54
mountain	98
mountain-rescue dog	75
mouse (animal)	75
mouse (computer)	70
mouth	12
MP3 player	71
muscle	14
museum	92
Music	33
music and dance	**48**
music player	42
musical instruments	**46**
nasty	16
natural gas	63
nature documentary	53
nautilus	80
neck	13
neon tetra	79
Neptune	107
news programme	53
news stand	94
newsagent	95
newt	77
nice	16
nocturnal creatures	**84**

124

Clàr-amais Beurla • *English index*

noise pollution 102
nose 12
novel 42
nuclear energy 63
number plate 54
numbers **110**
nurse 35
oak 88
oats 23
ocean 98, 105
octopus 80
office 92
oil 63
oil paints 45
oil spill 103
ointment 21
olive (tree) 89
omelette 25
onion 26
opaque 65
opposites **115**
oranges 27
orchid 90
organ 46
organs **15**
ostrich 87
owl 85
paddle 41
paella 24
pagoda 66
paintbrush 45
palace 67
palette 45
palm 88
pampas grass 91
pancakes 25
pangolin 73
panpipes 46
pansy 90
panther 73
paper 64
parapet 66
parking meter 94
parrot 75
parts of a car **54**
parts of a fish **79**
parts of a flowering plant **91**
parts of a ship **61**
passenger jet 59
passenger vehicles **54**
pasta 23
paste 71
pastels 45
pavement 94

peaches 26
peacock 86
pears 27
peas 26
pelican 87
pen 33
penalty 39
pencil 33
penguin 87
peppers 26
percussion instruments **47**
pesticide poisoning 102
pet shop 95
petal 91
photograph 44
piano 46
pickaxe 97
pier 67
pike 79
pills 21
pine 88
pips 27
piranha 79
pivot 69
pizza 24
plaice 79
plain 104
planet Earth **104**
plants **90**
plasters 21
plastic 64
plateau 104
poison dart frog 77
polar bear 72
polar region 99
police car 57
police officer 35
pollution and conservation **102**
pond skater 82
pop 48
poppy 90
porcupine 85
porthole 61
portrait 44
position words **115**
possum 85
post box 94
post office 94
potatoes 23, 27, 96
power **62**
praying mantis 82
print 71
printer 70
producer 50

project 33
propeller 58
properties of materials **65**
proud 17
puff adder 77
puffin 87
pull 68
pulley 69
pumpkins 26, 96
push 68
python 77
quad bike 97
quiet 16
raccoon 85
racket 42
radiation 102
radiator grille 54
radio mast 67
rainforest 98
rainy 100
rake 97
rap 49
rapids 99
recycling 103
redwood 88
referee 39
reggae 49
reporter 35
reptiles and amphibians **76**
restaurant 93
re-use 103
rhinoceros 72
ribs 14
rice 23, 96
ride 41
river **99**
road 94
robin 86
rock (music) 48
rocket 108
roller 56
rollerblades 42
roof 19, 66
root 89, 91
rope 69
rose 90
roseate spoonbill 87
rosemary 89
rotor blade 58
rough 65
roundhouse 18
rowing boat 61
rubber 64
rubber (eraser) 33

rubber clogs 36
rudder 59
rugby 38
ruler 33
sad 17
sail 58, 60
sailboard 60
sailing dinghy 61
salad 25
salamander 76
salmon 79
salty 16
sandals 30
sandwich 24
sardine 79
sari 31
satellite dish 66
satellites **109**
Saturn 107
saucepan 20
save (computer) 71
save (football) 39
saw 37
saxophone 46
scales 79
scalpel 36
scan 71
scared 17
scarf 29
scenery 50
school **32, 92**
Science 33
science fiction and fantasy 52
score (goal) 39
scorpion 84
screen 70
screwdriver 37
scroll 71
sculpture 45
scythe 97
sea creatures **80**
sea cucumber 80
sea snake 80
sea spider 80
sea turtle 80
seahorse 80
seal 80
seaplane 58
search 70
seashore 98
seasons **112**
senses and feelings **16**
shampoo 21
shapes **114**

125

Clàr-amais Beurla • English index

sharp	16
sheep	74
sheepdog	74
shin	14
shiny	65
ships, boats, and other craft	60
shirt	28
shoe shop	95
shoes	28
shoot (sport)	41
shops	95
shorts	29
shoulder	13
shower	19
shower gel	21
shrubs	88
shuttlecock	42
sieve	20
sight	16
silage tower	97
silly	17
silver	65
simple machines	69
singer	50
sink	19
sister	10
sitar	47
skate	41
skateboard	42
skeleton	14
sketch	44
sketch pad	45
ski	41
ski lift	55
skin	27
skip truck	57
skirt	29
skull	14
skunk	84
skyscraper	67
sloth	73
slug	84
small animals	**75**
smell	**16**
smoggy	100
smooth	65
snacks	**24**
snakes	**77**
snorkel	36
snow plough	57
snowmobile	57
snowy	100
soap	21
socks	29

soft	16, 65
solar energy	62
solar system	**106**
solid inner core	104
solid lava	105
soul	49
sound engineer	50
soup	24
sour	16
soybeans	96
space	**107, 108**
space probe	109
space shuttle	109
space station	109
space travel	**108**
spacesuit	108
spacesuit control module	108
spade	97
spaghetti	25
spanner	37
spatula	20
spell check	71
spine	14
sponge	21
spoon	20
sports	**38**
sports car	54
sports in action	**40**
sports programme	53
spotlight	50
squirrel	73
stables	97
stadium	93
stage	50
stage manager	50
stained glass	45
stapler	33
star	107, 114
star-nosed mole	73
steak	24
steamer	20
steel	65
stem	27, 91
stepbrother	11
stepfather	11
stepsister	11
stern	61
stick insect	82
still life	44
stilt house	18
sting	82
stinging nettle soup	25
stomach	13, 15
stone	65

strawberries	26
stream	99
street	**94**
street light	94
striker	39
stringed instruments	**47**
strut	59
sugar cane	96
suit	31
suit of armour	30
Sun	106
sunflower	90
sunny	100
supermarket	93
surf (Internet)	70
surgeon	**36**
surgical gown	36
surprised	17
suspender cable	67
suspension bridge	**67**
SUV	55
swallow (bird)	86
swamp	99
sweatshirt	28
sweet	16
sweet shop	95
sweetcorn	27
sweets	23
swimming	39
switch	63
swordfish	78
sycamore	89
synagogue	66
synthesizer	46
tabla	47
table	19
tablet	71
tail fin (aeroplane)	59
tail fin (fish)	79
talk show	53
tambourine	47
tanker	60
tap dancing	49
tapas	25
tapestry	45
tarsier	85
taste	**16**
taxi	55
tea	22
teacher	35
Technology	33
teeth	12
television	19
temperate climate	101

temperature	**101**
temple	66
tennis	38
tepee	18
text book	33
theatre	**50**
thigh	14
thorax	83
throw	40
thrusters	108
thunderstorm	101
tidal energy	62
tie	31
tights	29
time	**112, 113**
timetable	32
toad	77
toes	13
tofu	25
toga	30
toilet	19
tomatoes	26
tool belt	37
tool tether	108
toothbrush	21
toothpaste	21
top hat	31
tornado	101
tortoise	**76**
touch	**16**
tower	67
towns and cities	**92**
toy shop	95
tracksuit top	29
tractor	97
train	55
trainers	28
transparent	65
trees and shrubs	**88**
tributary	99
trike	59
tropical climate	101
trout	79
trumpet	46
trunk	89
T-shirt	29
tulip	90
tuna	78
turban	31
turkey	75
turret	66
turtle	76
TV shows and films	**52**
TV, film, and theatre	**50, 52**

126

Clàr-amais Beurla • *English index*

tweet 70	walrus 80	wet suit 36	woodland 98
type 71	warm 101	whale shark 80	woodpecker 86
tyre 54	wasp 82	wheat 96	wool 64
uncle 11	water 22	wheel 69	**work** **34**
upload 70	water buffalo 74	**wheel and axle** **69**	**work equipment and clothing 36**
Uranus 107	water contamination 102	wheelbarrow 97	**working animals** **75**
valley 104	water lily 90	whiteboard 33	**working vehicles** **56**
vegetables 23, 26, 96	watercolour landscape 44	wi-fi 70	world music 49
vehicles **54, 56, 97**	watercolours 45	**wind instruments** **46**	wrap 24
veil 31	waterfall 99	wind power 62	wrist 13
Venus 106	watermelon 27	window 19, 67	writing pad 33
vet 34	waterproof 65	windpipe 15	yacht 60
violin 47	waterproof torch 36	windscreen 54	yew 88
visor 37	wax 64	windscreen wiper 54	yoghurt 23
volcano **105**	**weather** **100**	wing 59	yo-yo 42
volleyball 38	weather satellite 109	wing mirror 54	yurt 18
vulture 87	wedding dress 31	wire 63	zebra 73
waistcoat 31	weight belt 36	wok 20	
wall chart 32	wet 16	wood 64	

OXFORD
UNIVERSITY PRESS

Great Clarendon Street, Oxford OX2 6DP

Oxford University Press is a department of the University of Oxford. It furthers the University's objective of excellence in research, scholarship, and education by publishing worldwide in

Oxford   New York   Auckland   Cape Town   Dar es Salaam
Hong Kong   Karachi   Kuala Lumpur   Madrid   Melbourne   Mexico City   Nairobi   New Delhi   Shanghai   Taipei   Toronto

With offices in
Argentina   Austria   Brazil   Chile   Czech Republic   France   Greece   Guatemala   Hungary   Italy   Japan   Poland   Portugal   Singapore
South Korea   Switzerland   Thailand   Turkey   Ukraine   Vietnam

© Oxford University Press 2013

All artwork by Dynamo Design Ltd.
Cover images: Thistle, armvector/Shutterstock.com Magnifying glass, Vjom/Shutterstock.com. All others Dynamo Design Ltd.
Developed with, and English text by, Jane Bingham and White-Thomson Publishing Ltd.
Translated by Beathag Mhoireasdan

All rights reserved. No part of this publication may be reproduced, stored in a retrieval system, or transmitted, in any form or by any means, without the prior permission in writing of Oxford University Press, or as expressly permitted by law, or under terms agreed with the appropriate reprographics rights organization. Enquiries concerning reproduction outside the scope of the above should be sent to the Rights Department, Oxford University Press, at the address above.

You must not circulate this book in any other binding or cover
and you must impose this same condition on any acquirer

British Library Cataloguing in Publication Data available

ISBN: 978 0 19 273562 1
10 9 8 7 6 5 4 3 2

Special edition ISBN: 978 0 19 273547 8
10 9 8 7 6 5 4 3 2 1

Printed in China